W0229066

Alexander Strauch

Platz ist in der kleinsten Hütte

Vom Segen der Gastfreundschaft

Alexander Strauch

Platz ist in der kleinsten Hütte

Vom Segen der Gastfreundschaft

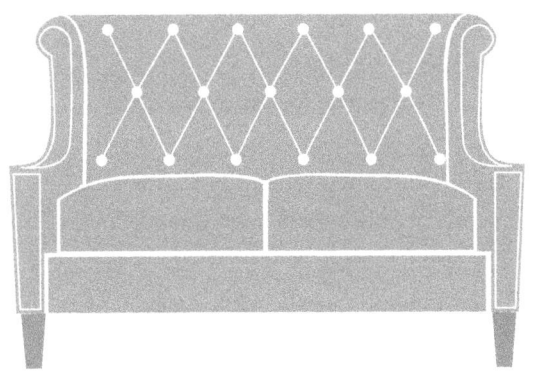

Alexander Strauch
Platz ist in der kleinsten Hütte
Vom Segen der Gastfreundschaft

Bestell-Nr. 271.122
ISBN 978-3-86353-122-5

Soweit nicht anders vermerkt,
wurde die folgende Bibelübersetzung verwendet:
Revidierte Elberfelder Bibel © 1985/1991/2008 SCM R.Brockhaus
im SCM-Verlag GmbH & Co. KG, Witten

Dieses Buch erschien 1988 bereits unter gleichem Titel im Verlag CLV.
Bei der vorliegenden Ausgabe handelt es sich jedoch um eine
überarbeitete Fassung, die neu übersetzt wurde.

Originally published in English under the title Hospitality Commands,
Copyright 1993 by Alexander Strauch

1. Auflage
© 2015 Christliche Verlagsgesellschaft, Dillenburg
www.cv-dillenburg.de
Übersetzung: Janette Reinhardt
Umschlaggestaltung und Satz:
Christliche Verlagsgesellschaft Dillenburg
Umschlagmotiv u. Motiv an Kapitelanfängen:
©LanaN/Shutterstock.com,
Druck: GGP Media, Pößneck
Printed in Germany

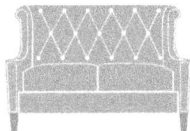

Inhalt

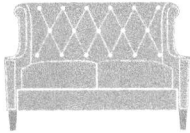

1

Ein fehlendes Kronjuwel

Im Urlaub hatten meine Frau und ich die Gelegenheit, ein Ehepaar zu besuchen, das früher in unsere Gemeinde und unseren Hauskreis kam, aber inzwischen umgezogen war. Wir waren um ihr geistliches Wohlergehen besorgt und freuten uns zu hören, dass sie dem Herrn weiter nachfolgten und aktiv in einer kleinen örtlichen Gemeinde mitmachten. Eines jedoch beklagten sie: In dem ganzen zurückliegenden Jahr, in dem sie diese Gemeinde nun schon besuchten, hatte niemand – noch nicht einmal einer der geistlichen Leiter – sie zu sich eingeladen – zum Essen oder einfach mal so, um miteinander Gemeinschaft zu haben. Deswegen fühlten sich unsere Freunde immer noch nicht als Teil der Gemeinschaft und waren ziemlich niedergeschlagen.

*

Eine ältere alleinstehende Frau, die jetzt unsere Gemeinde besucht, erzählte mir einmal von einer Erfahrung, die dramatisch darstellt, warum wir uns unbedingt mit den biblischen Aussagen zum Thema „christliche Gastfreundschaft" beschäftigen müssen. Für eine gewisse Zeit musste sie jeden Sonntag über eine Stunde mit dem Bus fahren, um eine kleine Vorortgemeinde zu besuchen. Nach der Versammlung am Sonntagvormittag aß sie Woche für Woche alleine in einem Restaurant und verbrachte dann den ganzen Nachmittag in einem Park oder in der Bücherei, damit sie abends auch noch den Abendgottesdienst besuchen konnte. Vier Jahre lang ging das so. Sie hatte bittere Erinnerungen an diese Gemeinde, weil in diesen vier Jahren kein Einziger sie jemals zu sich nach Hause zum Essen oder zum Ausruhen eingeladen hatte. Erst als sie bekannt gab, dass sie die Gemeinde verlassen würde, lud eine ältere Dame sie an ihrem letzten Sonntag zum Essen ein.

*

Ich selbst habe in der Vergangenheit oft Fahrten von zwei oder drei Stunden auf mich genommen, um am Sonntagmorgen in anderen Gemeinden zu predigen. Manchmal übergab man mir anschließend einen Scheck, lud mich ein wiederzukommen und gab mir einen freundlichen Handschlag und herzliche Abschiedsgrüße mit. Aber niemand dachte je daran, mich zu sich zum Essen einzuladen, mir eine Möglichkeit zum Ausruhen vor meiner langen Heimfahrt anzubieten oder über den Sonntagsgottesdienst hinaus Gemeinschaft mit mir zu suchen.

*

Diese Beispiele machen mir Kummer, und das sollten sie auch! Sie sind Ausdruck für ein lebloses, liebloses, ungastliches Christentum. Schlimmer noch: Sie sind Beispiele für einen unverhohlenen Ungehorsam gegenüber den klaren Anweisungen der Schrift. Im Schlusswort des Briefes an die Hebräer beschwört der inspirierte Autor seine Leser, die Christen sind, eine tiefe, herzliche Liebe zueinander als Brüder und Schwestern zu kultivieren (Hebräer 13,1). Unmittelbar danach warnt er sie, einen wesentlichen Aspekt ihrer brüderlichen und schwesterlichen Liebe zueinander nicht zu vernachlässigen: die Gastfreundschaft.

Tragischerweise machen die meisten Christen heutzutage genau das. Mortimer Arias, ein ehemaliger methodistischer Bischof aus Bolivien sagt:

Die Gastfreundschaft wird bei unserem heutigen Lebensstil zu einer fast vergessenen christlichen Tugend, besonders in den großen Städten mit steigender Kriminalitätsrate, mit verriegelten Wohnungen und all den Mitteln, mit denen Menschen versuchen, in ihren Häusern und Leben eine Privatsphäre zu schaffen.

Im Neuen Testament jedoch war die Gastfreundschaft
ein herausragendes Merkmal der Christen und der
christlichen Gemeinschaften.[1]

Wenn das, was Mortimer Arias sagt, stimmt und „die
Gastfreundschaft ein herausragendes Merkmal der
Christen und der christlichen Gemeinschaften" war,
dann fehlt uns ein wertvolles Juwel in der Krone unseres christlichen Lebens und Dienstes.

Wenn Sie Zweifel daran haben, dass die Gastfreundschaft „ein herausragendes Merkmal der [frü-
hen] Christen und christlichen Gemeinschaften" war,
bedenken Sie einmal das folgende Zitat:

Gab es je einen Gast in eurer Mitte, der nicht euren
ausgezeichneten und standhaften Glauben anerkannt
... oder der nicht den hervorragenden Charakter eurer
Gastfreundschaft gelobt hätte?[2]

Diese glühenden Lobesworte im Bezug auf die Gastfreundschaft wurden 96 n. Chr. von der Gemeinde in
Rom an die Christen in Korinth gerichtet. Die „her-
vorragende" Demonstration der Gastfreundschaft
war jedoch nicht einzigartig. In den ersten beiden
Jahrhunderten zeichneten sich fast alle christlichen
Gemeinden quer durch das Römische Imperium
durch liebende, christliche Gastfreundschaft aus.
Die Gemeinde in Rom selbst war dafür besonders

bekannt. Der liberale Kirchenhistoriker Adolf Harnack (1851–1930) schreibt:

> *Es ist aber vor allem die römische Kirche selbst, welche in den ersten Jahrhunderten durch die weitherzige Ausübung dieser Tugend [der Gastfreundschaft] herausstrahlt. ... Das wirksame Interesse am Gesamtwohl der Kirche Christi ist in der römischen Gemeinde, wie wir sehen werden, von Anfang an in besonderem Maße lebendig gewesen. Dasselbe kam aber auch in der Übung der Tugend der Gastfreundschaft zum Ausdruck.*[3]

In seiner wissenschaftlichen Studie der griechischen, römischen, jüdischen und christlichen Gastfreundschaft stellt Gustav Stählin diese erstaunliche Behauptung auf: „Im Gesamtbild des frühen Christentums, welches so reich in guten Werken ist, spielt die Gastfreundschaft eine ganz außerordentliche Rolle."[4]

Ganz offensichtlich war die Gastfreundschaft den frühen Christen sehr wichtig. Tatsächlich erhoben die Autoren des Neuen Testaments Paulus, Petrus, Johannes und der Verfasser des Hebräerbriefes die Gastfreundschaft zu einem Gebot der Schrift, zu einer Pflicht. Aber warum sollte die Gastfreundschaft ein Gebot sein? Warum sollte die Gastfreundschaft für das Christentum so wichtig sein? Warum sollte es als christliche Tugend angesehen werden? Was hat die Gastfreundschaft mit der Religion zu tun?

Es ist wichtig für uns als bibeltreue Christen, diese Fragen zu beantworten. Es ist nötig, die dynamische Lehre des Neuen Testaments zum Thema „Gastfreundschaft" wieder neu zu entdecken. Es ist wichtig, den reichen Segen aufzuzeigen, der diejenigen erwartet, die Gastfreundschaft pflegen. Wir müssen erkennen, welches Potenzial Gastfreundschaft hat, wenn es darum geht, unsere Gemeinden zu stärken und unsere Nachbarn und Freunde mit dem Evangelium zu erreichen.

Die biblische Aufforderung, Gastfreundschaft zu üben, steht fast immer im Kontext der brüderlichen Liebe. Um also zu verstehen, warum das Neue Testament uns auffordert, Gastfreundschaft zu üben, lassen Sie uns zuerst die außerordentliche, übernatürliche Liebe unter Glaubensgeschwistern betrachten sowie den engen Zusammenhang zwischen ihr und der Gastfreundschaft.

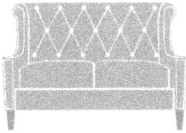

2

Die Liebe der christlichen Gemeinde stärken

Die Bruderliebe bleibe!
Hebräer 13,1

Christen werden nicht nur deshalb Brüder und Schwestern genannt, weil sie ähnliche Ideen, Interessen und Umstände teilen, sondern weil sie „am Leben Jesu" teilhaben (2. Korinther 4,10). Sie sind nicht durch natürliche Geburt Teil dieses Lebens, sondern durch die geistliche Geburt (Johannes 1,12–13). Deswegen ist die christliche Bruder- und Schwesternschaft allein in Jesus Christus gegründet. Der Bibelkommentator Philip E. Hughes erklärt treffend diese wunderbare Lehre: „Unsere Bruderschaft ist zuerst mit ihm [Christus] und dann und durch ihn miteinander, denn es ist die

Bruderschaft der Erlösten."[5] Diesen Punkt weiter erläuternd, schreibt Hughes:

> „(...) Die Bruderschaft, die Christen untereinander genießen, leitet sich von Christus selbst ab, zuerst durch seine Menschwerdung, durch die er mit uns als menschliches Wesen eins wurde, und zweitens durch unser Einswerden mit ihm durch unser Erleben der Erlösung, die er für uns vollbracht hat. Christliche Bruderschaft ist daher im Kern Bruderschaft in Christus".[6]

Der Schreiber des Hebräerbriefes erklärt kühn, dass Jesus Christus nicht im Geringsten zögert, uns, die wir früher die schlimmsten Sünder waren, seine Brüder und Schwestern zu nennen: „Denn sowohl der, welcher heiligt, als auch die, welche geheiligt werden, sind alle von einem; aus diesem Grund schämt er sich nicht, sie Brüder zu nennen" (Hebräer 2,11). Kein Wunder also, dass der Autor des Briefes Gläubige als „heilige Brüder" beschreiben kann (Hebräer 3,1).

Paulus lehrt, dass Jesus „der Erstgeborene (...) unter vielen Brüdern" ist (Römer 8,29). Christi Solidarität mit all seinen bluterkauften Brüdern und Schwestern ist so real, dass er sagt, was auch immer für einen seiner Brüder oder Schwestern getan wird, auch für ihn getan wird: „Wahrlich, ich sage euch, was ihr einem dieser meiner geringsten Brüder getan habt, habt ihr mir getan" (Matthäus 25,40; vgl. auch Matthäus 28,10 und Johannes 20,17). Umgekehrt ist das Sündigen einem Bruder oder einer Schwester gegenüber auch ein Sündigen gegen Jesus Christus (1. Korinther 8,11–12).

Als Brüder und Schwestern teilen sich alle Christen den gleichen himmlischen Vater. Wir teilen uns die gleiche Kraft des Heiligen Geistes. Wir teilen uns den gleichen Namen: Christ. Wir haben teil an der gleichen Taufe. Wir teilen ein unzerstörbares Familienband.

Das Geheimnis der Familie der Christen verstehen

Das Neue Testament ist durchdrungen von der Realität unserer geschwisterlichen Beziehungen. Obwohl die Autoren des Neuen Testaments verschiedene Bilder benutzten, um die Natur der Gemeinde zu beschreiben – das des Körpers, das der Braut, das des Tempels, das der Herde – ist das am häufigsten verwendete das der Familie, insbesondere der geschwisterliche Aspekt der Familie. Die ersten Christen bezeichneten sich stets als Bruder oder Schwester. Die Bezeichnungen „Brüder", „Bruder" oder „Schwester" kommen im Neuen Testament an die 250 Mal vor, besonders in den Briefen des Paulus. Petrus benutzt in Bezug auf Christen direkt den Ausdruck „die Bruderschaft"

(1. Petrus 2,17). (Gegen Ende des 3. Jahrhunderts begannen diese liebevollen Bezeichnungen unter den Christen leider zu verschwinden.⁷)

Der Grund für die häufige Verwendung dieses Familienaspekts innerhalb der Gemeinde ist offensichtlich. Nur die intimste Form menschlicher Beziehungen kann überhaupt annähernd ausdrücken, was für eine Liebe und Verbundenheit, was für Vorzüge und was für eine neue Beziehung zwischen Gott und Mensch wie auch zwischen Mensch und Mensch aufgrund von Christi Menschwerdung und Tod möglich sind. Auf vielfältige Art und Weise zeigt sich die lokale Gemeinde im Neuen Testament als eng verbundene Familie von Brüdern und Schwestern:

» Die Christen grüßten einander mit dem heiligen Kuss (Römer 16,16; 1. Korinther 16,20; 2. Korinther 13,12; 1. Thessalonicher 5,26; 1. Petrus 5,14).

» Sie teilten ihren materiellen Besitz miteinander (Apostelgeschichte 2,44–45; 4,32; 11,29; Römer 12,13.20; 15,26; 1. Korinther 16,1; 2. Korinther 8; Galater 2,10; 6,10; Hebräer 13,16; Jakobus 2,15–16; 1. Johannes 3,17).

» Die frühen Christen trafen sich in ihren privaten Häusern (Römer 16,5; 1. Korinther 16,19; Kolosser 4,15; Philemon 2).

» Sie aßen miteinander (Apostelgeschichte 2,46; 20,11; 1. Korinther 11,20 ff.; Judas 12).

» Sie kümmerten sich um die Witwen unter ihnen (Apostelgeschichte 6,1–6; 9,39; 1. Timotheus 5,1–16).

» Wo angebracht, disziplinierten sie ihre Mitglieder (1. Korinther 5,6; 2. Korinther 2,1–11; 2. Thessalonicher 3,6–15; 1. Timotheus 5,19–20).

» Die Brüderlichkeit bot das leitende Prinzip des Verhaltens unter den Mitgliedern (Römer 14,15.21; 1. Korinther 6,8; 8,11–13; 2. Thessalonicher 3,14–15; Philemon 16; Jakobus 4,11).

» Sie zeigten Gastfreundschaft (Apostelgeschichte 16,15; 21,8.16; Römer 12,13; 1. Timotheus 3,2; 5,9–10; Hebräer 13,2; 1. Petrus 4,9; 3. Johannes 5–8).

Die ersten Christen sahen sich als Teil einer weltweiten Bruderschaft, die über alle nationalen, ethnischen und sozialen Grenzen hinausging. Diese Bruderschaft war in ihrer Einheit mit Christus begründet, dem „älteren Bruder" (Römer 8,29). Darüber hinaus war ihnen bewusst, dass sie eine verfolgte Minderheit in einem äußerst feindseligen Umfeld waren. Und so hing ihr Überleben von der aktiven Mitarbeit in der Familie von Brüdern und Schwestern ab. „Die kleinen Gruppen von Christen überlebten", schreibt C. S. Lewis, „weil ihnen ausschließlich die Liebe der Geschwister wichtig war und sie ihre Ohren vor der Meinung der sie umgebenden heidnischen Gesellschaft verschlossen"[8] (siehe Hebräer 10,23–25 sowie 32–34). Ganz sicher hätten die ersten Christen gerne mit Gloria und Bill Gaither „I'm so glad to be part of the family of God" gesungen. (Anm. d. Übers.: Gloria und Bill Gaither sind Autoren und Sänger christlicher Gospelmusik in den USA. Das Lied heißt grob übersetzt: „Ich bin so froh, Teil der Familie Gottes zu sein.")

Die Gastfreundschaft wurde deshalb eine der wichtigsten praktischen Ausdrucksformen dieser weltweiten Familie von Brüdern und Schwestern und dadurch eines der Merkmale des frühen Christentums. Diese Tatsache bekräftigend, schrieb der bekannte britische Kirchenhistoriker und klassische Gelehrte Edwin Hatch (1835–1889):

Denn das Christentum war eine große Bruderschaft – und es wuchs, weil dies so war. Die Bezeichnung „Bruder" (...) wurde zu der üblichen Bezeichnung, die ein Christ einem anderen Christen gegenüber verwendete. Sie drückte anschaulich eine echte Tatsache aus (...) Wo immer er auch hinkam, fand ein Christ in der

Gemeinschaft anderer Christen Aufnahme und Gast-
freundschaft. Die Sitte der Gastfreundschaft war allen
Christen als gemeinsame Tugend auferlegt.⁹

Die einzigartige, weltweite, familiäre Natur der christlichen Gemeinschaft bedingt also das Ausüben der
Gastfreundschaft.

Die christliche Liebe verstehen

Um die christliche Liebe zu verstehen, müssen wir
auf ihren göttlichen Ursprung schauen: Jesus Christus. Philip E. Hughes erinnert uns daran, dass der Ursprung aller christlichen Aktivitäten und Beziehungen
Jesus Christus ist: „Wenn unsere Bruderschaft sich
von Christus ableitet, so tut das auch unsere Liebe als
Brüder untereinander. Seine unendliche Liebe zu uns
ist Quelle und Impuls für unsere Liebe zueinander."[10]
Um die Wichtigkeit dieser Liebe zu kommunizieren,
gab unser Herr in den letzten Stunden, die er vor seinem Tod mit seinen Jüngern verbrachte, ein neues
Gebot: „(...) dass ihr einander liebt, damit, wie ich
euch geliebt habe, auch ihr einander liebt. Daran werden alle erkennen, dass ihr meine Jünger seid, wenn
ihr Liebe untereinander habt" (Johannes 13,34b–35).
Dieses neue Gebot, einander mit der gleichen lei-
denschaftlichen, selbstaufopfernden Liebe zu lieben,

mit der er liebte, durchdringt das ganze Neue Testament. Das griechische Wort für Liebe – *agapē, agapaō* und das Adjektiv *agapētos* (geliebte) – taucht etwas 320 Mal im Neuen Testament auf. Die Liebe soll, wie der Titel eines der profundesten Bücher von Francis Schaeffer heißt, *Das Kennzeichen des Christen*[11] sein.

Paulus geht so weit zu sagen, wenn ein Christ die Sprache der Engel beherrschte oder alles über die Bibel und Gott wüsste oder größeren Glauben hätte als Abraham oder alles den Armen gäbe oder ein Märtyrer sei, das alles aber nicht in Liebe geschehe, dann sei das alles völlig wertlos:

> *Wenn ich in den Sprachen der Menschen und der Engel rede, aber keine Liebe habe, so bin ich ein tönendes Erz geworden oder eine schallende Zimbel. Und wenn ich Weissagung habe und alle Geheimnisse und alle Erkenntnis weiß, und wenn ich allen Glauben habe, so dass ich Berge versetze, aber keine Liebe habe, so bin ich nichts. Und wenn ich alle meine Habe zur Speisung der Armen austeile und wenn ich meinen Leib hingebe, damit ich Ruhm gewinne, aber keine Liebe habe, so nützt es mir nichts.*
> 1. Korinther 13,1–3

Später, als er über Glaube, Hoffnung und Liebe spricht, erklärt Paulus: „... die Größte aber von diesen ist die Liebe" (1. Korinther 13,13).

Paulus spricht auch ausdrücklich von der brüderlichen Liebe. Obwohl zum Beispiel die Christen in der Stadt Thessalonich sich bereits durch die brüderliche Liebe auszeichneten, ermutigt Paulus sie noch „reichlicher zuzunehmen". Er schreibt:

Was aber die Bruderliebe betrifft, so habt ihr nicht nötig, dass man euch schreibt, denn ihr seid selbst von Gott gelehrt, einander zu lieben; das tut ihr ja auch gegen alle Brüder in ganz Mazedonien. Wir ermahnen euch aber, Brüder, reichlicher zuzunehmen.
1. Thessalonicher 4,9–10

An die Christen in Rom schreibt Paulus: „In der Bruderliebe seid herzlich zueinander" (Römer 12,10).

Auch Petrus erhebt die Liebe zur höchsten christlichen Tugend: „Da ihr eure Seelen durch den Gehorsam gegen die Wahrheit zur ungeheuchelten Bruderliebe gereinigt habt, so liebt einander anhaltend, aus reinem Herzen!" (1. Petrus 1,22). Er betont weiter: „Vor allen Dingen aber habt untereinander eine anhaltende Liebe! Denn die Liebe bedeckt eine Menge von Sünden" (1. Petrus 4,8).

Nach Johannes sollte die Tiefe unserer christlichen Liebe so sein, dass wir bereit sind, „(...) für die Brüder das Leben hinzugeben" (1. Johannes 3,16b). Er sagt sogar: „Wir wissen, dass wir aus dem Tod in das Leben hinübergegangen sind, weil wir die Brüder lieben; wer nicht liebt, bleibt im Tod" (1. Johannes 3,14). Später begründet Johannes diese starken Aussagen: „Und dieses Gebot haben wir von ihm, dass, wer Gott liebt, auch seinen Bruder lieben soll" (1. Johannes 4,21).

Die christliche Lehre der Liebe ist in der Geschichte der Religionen einzigartig. Die Liebe, die sich unter den ersten Christen zeigte, ist eine Erklärung für den schnellen Wachstum des frühen Christentums. Diese Liebe blieb damals nicht unbemerkt. Der afrikanische Autor und Apologet des dritten Jahrhunderts, Tertullian, erzählt uns, dass die Heiden seinerzeit die außerordentliche Liebe der Christen anerkennen mussten. Die Heiden waren gezwungen zu sagen: „Seht, (...) wie sie sich lieben (...) und wie bereit sie sind, füreinander zu sterben."[12] In einem alten lateinischen Dialog mit dem Titel *Octavius* kritisiert der Heide Caecilius die Christen, weil „sie sich kaum kennenlernen und sich schon lieben (...), wahllos nennen sie sich Bruder und Schwester."[13]

Auch zeitgenössische Autoren haben die höchste Wichtigkeit der Liebe für den christlichen Glauben festgestellt. Das christliche Leben zusammenfassend, bemerkt der distinguierte presbyterianische Theologe B. B. Warfield: „Die selbstaufopfernde Liebe wird dadurch zur Essenz des christlichen Lebens."[14] Nach der Betrachtung der Tugenden „Macht", „Wissen", „religiöse Erfahrung", „Orthodoxie der Lehre" und

„Dienst" schließt John Stott aus Galater 5,22: „Liebe ist die herausragendste christliche Tugend."[15] Der berühmte Bibelübersetzer James Moffatt fügt noch hinzu, dass „keine Gemeinde irgendeine Aussicht auf Stabilität oder Chance vor Gottes Augen zu existieren [hat], wenn sie die brüderliche Liebe ignoriert."[16]

Wenn sie eine durchdringende, moderne Lektion der Liebe innerhalb der christlichen Bruderschaft sehen möchten, dann lesen Sie Charles Colsons Autobiografie *Born Again (Wiedergeboren)*. Colson hatte in den Jahren von 1969 bis 1973 den hoch angesehenen Posten des Chefberaters für den US-amerikanischen Präsidenten Richard Nixon inne. Colson war auch eine zentrale Figur in dem berüchtigten Watergate-Skandal, einem der schlimmsten, größten Skandale in der Geschichte der amerikanischen Präsidentschaft. Als Resultat seines Fehlverhaltens im Amt wurde Colson wegen Behinderung der Justiz zu ein bis drei Jahren Gefängnis verurteilt. Zehn Monate bevor er ins Gefängnis musste, nahm er jedoch Jesus Christus als seinen Herrn und Erlöser an.

Während seines Aufenthalts im Gefängnis erlebte Colson die schwerste Zeit seines Lebens. Sein Vater, dem er sehr nahe stand, verstarb. Ihm wurde mitgeteilt, dass der Oberste Gerichtshof von Virginia ihm seine Zulassung als Rechtsanwalt entzogen hatte. Tage später erreichte ihn telefonisch die Nachricht, dass sein Teenager-Sohn wegen Drogenbesitzes ins Gefängnis geschickt wurde. Die emotionale und körperliche Gesundheit seiner Frau Patty war angeschlagen und er hatte noch zwei Jahre im Gefängnis vor sich. Aber seine neuen Brüder und Schwestern beteten und arbeiteten rund um die Uhr für seine Freilassung.

Al Quie, ein langjähriger Kongressabgeordneter aus Minnesota und einer der angesehensten Männer in Washington, entdeckte ein altes Gesetz, das möglicherweise zuließ, dass er den Rest von Colsons Gefängnisstrafe übernahm. Nachdem er über diese Möglichkeit gebetet hatte, rief Quie Colson an, um ihm zu sagen, dass er den Präsidenten fragen wollte, ob er die restliche Gefängnisstrafe für Colson absitzen dürfte, damit Colson nach Hause gehen konnte, um seiner Familie zur Seite zu stehen. Fast zu überwältigt, um Worte zu finden, protestierte Colson gegen solch ein persönliches Opfer. Er konnte das nicht zulassen.

Nachdem Quie angeboten hatte, den Rest von Colsons Strafe abzusitzen, boten sich weitere willige Brüder – alles Männer in hohen Positionen und von hohem Ruf in der Regierung – an, dasselbe zu tun. Diese überschwängliche Ausgießung der Liebe durch seine Glaubensbrüder belebte Colsons Geist. Er schreibt:

Es war fast mehr, als ich mir vorstellen konnte, diese Liebe eines Mannes für einen anderen. Christi Liebe. Al Quie war bereit, seine Karriere aufzugeben, Doug

Coe war bereit, sein Leben aufzugeben, und auch Gra-
ham und Harold. (...) Und an diesem Tag erkannte
ich ihn wie niemals zuvor. Ich hatte seine Gegenwart
sehr wohl gespürt, aber jetzt lernte ich durch die tie-
fe Fürsorge von vier Männern seine Macht und Liebe
kennen.[17]

Diese Männer waren lebendige Beispiele für 1. Johannes 3,16: „(...) auch wir sind schuldig, für die Brüder das Leben hinzugeben."

Gastfreundschaft fördert liebende christliche Gemeinschaft

Wir würden sicher alle zustimmen, dass die Liebe,
wie sie Colson gezeigt wurde, auch das Leben von
jedem von uns durchdringen sollte, ebenso wie das
der örtlichen Gemeinde. Nichts ermutigt, beflügelt,
tröstet und erbaut andere so sehr wie selbstaufopfernde, echte christliche Liebe. Aber wie können wir
auf praktische, realistische Weise mehr echte, christliche Liebe und Gemeinschaft zeigen?

Eine klare Antwort darauf ist die Gastfreundschaft. Der Altphilologe und Theologe aus Yale, Abraham J. Malherbe, weist darauf hin, dass die Gastfreundschaft unter den ersten Christen nicht einfach

nur einen praktischen Hintergrund hatte, sondern einen theologischen:

Die christliche Praktik der Gastfreundschaft wurde nicht nur als Möglichkeit gesehen, ein praktisches Problem zu lösen. Theologische Ausführungen verschiedener Autoren des Neuen Testaments zeigen, dass es oft als der konkrete Ausdruck christlicher Liebe gesehen wurde.[18]

Tatsächlich erscheinen die hauptsächlichen Ermahnungen des Neuen Testaments, Gastfreundschaft zu üben, im Kontext der brüderlichen Liebe:

- Hebräer 13 beginnt mit: „Die Bruderliebe bleibe!" Der Autor fügt seinem Aufruf zur brüderlichen Liebe sofort die Mahnung hinzu, die Gastfreundschaft nicht zu vergessen (Hebräer 13,2).

- Petrus trägt seinen Lesern auf: „(...) habt untereinander eine anhaltende Liebe!" Und gleich als Nächstes sagt er: „Seid gastfrei gegeneinander ohne Murren!" (1. Petrus 4,8a–9)

- Die Aufforderung des Paulus, die Gastfreundschaft zu pflegen, findet man im größeren Kontext der brüderlichen Liebe und christlichen Beziehungen (Römer 12,13).

- Von der Gastfreundschaft des Gajus auch unbekannten, reisenden Geschwistern gegenüber wird der Gemeinde berichtet und sie wird als „seine Liebe" beschreiben (3. Johannes 5–8).

Die Gastfreundschaft in den heutigen Gemeinden

Ich glaube, dass viele Christen heutzutage nicht wirklich verstanden haben, wie essentiell die Gastfreundschaft ist, um die Flammen der Liebe anzufachen und die christliche Gemeinde zu stärken. Gastfreundschaft konkretisiert die Liebe auf eine einzigartige persönliche und aufopfernde Art. Durch den Dienst der Gastfreundschaft teilen wir unseren wertvollsten Besitz. Wir teilen unsere Familie, unser Zuhause, unsere Finanzen, unsere Nahrung, Privatsphäre und Zeit. Wir teilen tatsächlich unser ganzes Leben. Das macht die Gastfreundschaft grundsätzlich teuer. Durch den Dienst der Gastfreundschaft bieten wir Freundschaft, Annahme, Gemeinschaft, Erfrischung, Trost und Liebe auf eine der reichsten und tiefsten Arten, die Menschen verstehen können. Wenn wir die Türen unseres Zuhauses nicht für einander öffnen, ist die Realität der örtlichen Gemeinde als eng verbundene Familie von liebenden Brüdern und Schwestern nur eine Theorie.

Eine kalte, unfreundliche Gemeinde widerspricht der Botschaft des Evangeliums. Und doch sticht die Freundlichkeit als eine der häufigsten geäußerten Kritikpunkte an örtlichen Gemeinden hervor.[19] Die Leute brauchen nicht lange, um herauszufinden, dass es eine „gemeindliche" Liebe unter Christen gibt, die an der Hintertür oder auf dem Parkplatz des Gemeindegebäudes endet. Es ist eine oberflächliche Sonntagmorgen-Art von Liebe, die nicht bereit ist, sich über die Mauern des Gemeindegebäudes hinaus auszuweiten.

Die brüderliche Liebe jedoch bedingt Beziehung, Fürsorge füreinander, Wissen übereinander, Zusammengehörigkeit und das Teilens unseres Lebens. Wir können unsere Brüder und Schwestern nicht kennen oder ihnen nahe kommen, wenn wir uns eine Stunde und fünfzehn Minuten pro Woche mit einer großen Gruppe in einem Gemeindegebäude treffen. Zu Hause ist der ideale Ort, um Beziehungen zu pflegen und Verbindungen aufzubauen. In vielen Fällen kennen wir einander nicht einmal, bis wir in unseren Häusern und Wohnungen zusammenkommen, gemeinsam essen und uns am Tisch miteinander unterhalten. Ein Wandspruch, den Freunde von mir im Urlaub in einem Restaurant in Maine gesehen haben, drückt dies wunderbar aus. Dort stand: „Gemeinsam an einem Tisch spüren Freunde die Wärme des Zusammenseins am besten." Das ist sicherlich wahr. Wenn wir also von brüderlicher Liebe sprechen, müssen wir von der Gastfreundschaft sprechen.

Als Beispiel für den großen Einfluss der Gastfreundschaft bei der Übermittlung von Liebe und der familiären Natur der Gemeinde möchte ich eine Geschichte erzählen. Sie handelt von einem Journalisten der *Los Angeles Times*, der christliche Gemeinden besuchte, um zu sehen, wie freundlich und liebevoll sie waren. Er benotete seine Erlebnisse als Besucher nach diesem Punktesystem: „Für eine nette Begrüßung an der Tür gab es 2 Punkte. Für einen vorbereiteten Informationsbrief des Pastors 3 Punkte. Der Stehkaffee bekam bis zu 5 Punkte. Für persönliche Einladungen zum Essen gab es 60 Punkte. 10 Punkte gab es, wenn sich Leute in einer freundlichen, aber nicht aufdringlichen Art vorstellten."[20] Der Beurteilungsbogen des Reporters zeigt, wie stark die Gastfreundschaft Liebe und Fürsorge kommuniziert.

Oft höre ich Leute sagen: „Wir kennen einfach keinen; es fällt uns schwer, in der Gemeinde Freundschaften zu schließen." Ich habe einen Vorschlag, der dieses Problem vielleicht lösen könnte. Er ist von einem Ehepaar, dem es schwerfiel, sich seiner Gemeinde zugehörig zu fühlen. Anstatt zu gehen, wie es so viele Manschen tun, entschieden sie sich, im folgenden Jahr jeden aus der Gemeinde einmal zu sich nach

Hause zum Essen einzuladen. Am Ende des Jahres kannten sie jeden in der Gemeinde und hatten sogar einige enge Freundschaften geschlossen.

Der Ausgangspunkt für Gastfreundschaft

Vielleicht möchten Sie, wie viele Christen, wissen, was Sie für den Herrn tun können oder wie Sie Ihre geistliche(n) Gabe(n) einsetzen können. Ihr Zuhause ist der ideale Ort, um mit dem Dienen anzufangen. Sie können Menschen zum Gebet zu sich nach Hause einladen. Sie können Kontakt zu Menschen in Ihrer Nachbarschaft oder in Ihrer Gemeinde aufnehmen. Sie können Gläubigen helfen, einander besser kennenzulernen. Sie können Unterkunft für Personen anbieten, die kurzzeitig von ihrer Familie getrennt sind. Sie können Predigern und Jugendmitarbeitern Anerkennung zeigen, indem Sie sie zu sich nach Hause einladen. Sie können Singles oder Auszubildenden, die vielleicht seit Wochen oder Monaten keine selbst gekochte Mahlzeit bekommen haben, ein „Zuhause in der Fremde" bieten.

Viele Menschen brauchen den Dienst der Gastfreundschaft. Es gibt Witwen und ältere Menschen, die einsam sind. Es gibt taube Menschen, die ständig übersehen werden. Manche dieser Menschen haben keine Familie oder Freunde. Sie können ihnen Christi Liebe zeigen, indem Sie sie an Ihren Tisch einladen. Es gibt psychisch angeschlagene Menschen, für die es wichtig ist zu wissen, dass Sie keine Angst vor ihnen haben und dass Sie sie nicht ablehnen. Ihr Zuhause kann für sie ein Ort der Sicherheit und der Heilung werden.

Menschen, die jung im Glauben sind, brauchen besonders die liebende Fürsorge und Anleitung, die Sie in Ihrem Heim anbieten können. Ich werde nie die Zeiten vergessen, die ich als junger Christ am Tisch mit reifen Christen verbracht habe, um über geistliche Angelegenheiten zu reden. Ich lernte an den Sonntagnachmittagen in den Häusern von Christen genauso viel wie in den Predigten am Sonntagmorgen. Wenn man gemeinsam an einem Tisch sitzt, können Gottes Wahrheiten auf persönlichere Art und Weise vermittelt werden als in einem großen Gemeindesaal.

Martin Luther bewies, dass der Tisch eine großartige Kanzel ist, von der man Gottes Wort lehren und Gottes Kinder unterweisen kann. Luther und seine Frau Katharina waren bekannt für ihr offenes Haus und ihre große Gastfreundschaft. Ein Historiker schreibt über ihr Heim: „Das große Haus war immer bis zum Rand gefüllt."[21] Luthers *Tischreden*, von Studenten und Gästen geschrieben, ist ein wunderbares Zeugnis der Macht der Gastfreundschaft, wenn es darum geht, Menschen zu lehren und zu unterweisen.

Wenn Sie wollen, dass junge Christen im Glauben wachsen, öffnen Sie Ihr Heim und teilen Sie Ihre

Liebe und Ihr Wissen mit ihnen. Ihr Zuhause ist das beste Werkzeug, das Sie haben, um liebende christliche Gemeinschaft zu fördern. Die Gemeinschaft in Ihrer örtlichen Gemeinde kann eine freundlichere, liebevollere werden, wenn Sie – und andere, die Sie kennen – regelmäßig Ihre Häuser füreinander öffnen.

3

Gastfreundschaft –
eine Ausgangsbasis für das
Evangelium

*... und sie hörten nicht auf, jeden Tag im Tempel
und in den Häusern zu lehren
und Jesus als den Christus zu verkündigen.*
Apostelgeschichte 5,42

*Denn für den Namen sind sie hinausgegangen,
und sie nehmen nichts von den Heiden.
Wir nun sind schuldig, solche aufzunehmen,
damit wir Mitarbeiter der Wahrheit werden*
3. Johannes 7,8

Von Anfang an war das Christentum missionarisch ausgerichtet. Bevor er in den Himmel aufstieg, gab Jesus seiner kleinen Gruppe von Nachfolgern den Auftrag: „Geht nun hin und macht alle Nationen zu Jüngern" (Matthäus 28,19; siehe auch Lukas 24,46–48). Sie folgten eifrig diesem Gebot. In seiner Beschreibung dieses missionarischen Geistes der ersten Christen schreibt Michael Green, Professor am *Regent College:*

> *Die Begeisterung zu evangelisieren, ein herausragendes Merkmal der ersten Christen, ist eines der bemerkenswertesten Charakteristika in der Geschichte der Religionen. Hier waren Männer und Frauen aus jeder sozialen Schicht und Berufsgruppe, aus jeder Nation der bekannten Welt, so überzeugt, dass sie das Geheimnis des Universums entdeckt hatten, sich des einen Gottes, den sie kennengelernt hatten, so sicher, dass nichts dem Weitersagen dieser guten Botschaft an andere im Weg stehen durfte.[22]*

In dieser frühen Verbreitung des Christentums spielte die Gastfreundschaft eine Schlüsselrolle. Das traf auf zwei Ebenen zu: Erstens war das Heim eine natürliche, bodenständige Basis für die Verbreitung der Botschaft des Evangeliums, zweitens bot die Gastfreundschaft unverzichtbare Unterstützung für reisende Evangelisten und Lehrer.

Das Heim als Leuchtturm
für das Evangelium

Da sie keine Tempel oder Priester hatten, nutzten die ersten Christen natürlicherweise ihre Häuser für ihre Zusammenkünfte. In seiner umfangreichen, oft zitierten Studie *Evangelism of the Early Church* sagt Michael Green: „Eine der wichtigsten Methoden der Antike, das Evangelium zu verbreiten, war die Nutzung ihrer privaten Häuser.“[23] Über das Heim von Aquila und Priscilla schreibt Green weiter: „Häuser wie dieses müssen in der evangelistischen Arbeit der Gemeinde außerordentlich effektiv gewesen sein.“[24]

Das bekannte australische Ehepaar Robert und Julia Banks, das leitend in der weltweiten Hausgemeindebewegung tätig ist, betont dasselbe: „Es wird oft vergessen, dass das Christentum, das das Römische Imperium eroberte, im Wesentlichen eine Bewegung war, die von den Häusern ihrer Mitglieder ausging.“[25] Tatsächlich hielten die frühen Christen alle oder die meisten ihrer Versammlungen in ihren privaten Häusern ab, weil sie als Gemeinschaft keine Gebäude besaßen. Daher war es notwendig, dass Mitglieder der Gemeinden ihre Häuser für Versammlungen zur Verfügung stellten.

So wurde das Heim zu einem Drehpunkt der Evangelisation und Belehrung. Lukas sagt: „... und sie hörten nicht auf, jeden Tag im Tempel und in den

Häusern zu lehren und Jesus als den Christus zu verkündigen" (Apostelgeschichte 5,42). Auch Paulus benutzte das Heim als Ausgangspunkt zur Verkündung von Gottes Wort. Zu den Ältesten in Ephesus konnte Paulus sagen: „... wie ich nichts zurückgehalten habe von dem, was nützlich ist, dass ich es euch nicht verkündigt und euch gelehrt hätte, öffentlich und in den Häusern" (Apostelgeschichte 20,20; siehe auch Apostelgeschichte 28,23).

Die ersten Heiden, die zum Glauben kamen, hatten sich nicht in einer Kathedrale bekehrt, sondern in dem Haus von Kornelius. Die Schrift berichtet, dass Kornelius „seine Verwandten und Freunde" einlud, damit sie gemeinsam hörten, wie Petrus die Botschaft der Erlösung erklärte (Apostelgeschichte 10,24). Bei diesem Ereignis bekehrten sich Kornelius, seine Familie und seine Freunde. Und ebenso nutzte Matthäus, nachdem er seinen Beruf aufgegeben hatte, um Jesus nachzufolgen, sein Zuhause, um seine Freunde zu evangelisieren: „Und Levi machte ihm ein großes Mahl in seinem Haus; und da war eine große Menge von Zöllnern und anderen, die mit ihnen zu Tisch lagen" (Lukas 5,29). Wir sollten alle von Matthäus und Kornelius lernen, mutiger Freunde und Nachbarn in unser Heim einzuladen, um von Jesus zu hören.

Natürlich ist Jesus das Paradebeispiel dafür, wie Menschen durch die Tür der Gastfreundschaft erreicht werden. Als Erlöser von Sündern nahm er gern die Einladungen von Steuereintreibern und öffentlichen Sündern an (Markus 2,16; Lukas 15,12; 19,1–10). Die religiösen Führer seiner Zeit hatten jedoch vor solchen Menschen ihre Türen verschlossen, damit sie nicht religiös unrein wurden.

Für die ersten Christen war das private Haus die natürlichste Umgebung, wenn es darum ging, ihren Familien, Nachbarn, und Freunden von Jeus zu erzählen. Das ist heute noch so. Wenn Sie und/oder Ihre örtliche Gemeinde nach Wegen suchen zu evangelisieren, dann ist das Öffnen Ihres Heims eine der besten Methoden, um verlorene Menschen zu erreichen. Die meisten von uns nutzen jedoch ihr Zuhause nicht so, wie sie es sollten, um Nachbarn, Freunde und Verwandte zu erreichen. Tragischerweise kennen viele von uns unsere Nachbarn nicht einmal. Doch durch Gastfreundschaft können wir sie kennenlernen und in geistlich dunklen Nachbarschaften ein Licht sein.

Nachbarn und Freunde zu uns nach Hause zum Essen einzuladen bietet die perfekte Atmosphäre, um das Evangelium weiterzusagen. Unser Herr nutzte effektiv Tischgespräche, um Menschen in geistliche Diskussion hineinzuführen und lebensverändernde Begegnungen herbeizuführen (Lukas 7,36–50; 11,37–54; 14,1–24). Das Evangelium selbst ist eine Einladung, Gottes Gemeinschaft und ein üppiges Festmahl in der Ewigkeit zu genießen (Lukas 14,16–24; Johannes 14,2–3).

Evangelistische Hausbibelkreise sind auch eine sehr effektive Möglichkeit, Menschen zu erreichen, weil die Atmosphäre unbedrohlich, informell, gemütlich, entspannt und persönlich ist. Außerdem kann man nach der Bibelstunde gut noch längere Unterhaltungen führen, was sonntagmorgens in der Gemeinde oft nicht möglich ist.

Wenn wir nur unsere Augen öffnen würden, könnten wir sehen, dass es reichlich Gelegenheiten gibt, unser Zuhause zu nutzen, um Freunde und Nachbarn mit dem Evangelium zu erreichen. Gott freut sich, wenn wir unsere vier Wände nutzen, um große Dinge zu tun. Der Gründer der *Navigatoren,* Dawson Trotman, zum Beispiel nutzte sein Heim, um viele Soldaten zu Christus zu führen. Nach mehreren Jahren großzügiger Gastfreundschaft gegenüber Matrosen, konnte er sagen, dass Soldaten aus jedem Bundesstaat der USA in seinem Wohnzimmer zu Christus gekommen waren.

In seinem Buch *Evangelisation: ein Lebensstil* erzählt Jim Petersen eine interessante Geschichte von einem Brasilianer namens Mario, mit dem er vier Jahre lang gemeinsam in der Bibel gelesen hatte, ehe der junge Mann Christ wurde. Mario war ein marxistischer Intellektueller und politischer Aktivist gewesen – jemand, von dem man nicht annehmen würde, dass er offen fürs Christentum wäre. Einige Jahre nach seiner Bekehrung fragte Mario Jim, ob er wüsste, was ihn dazu gebracht hätte, sich für Jesus zu entscheiden. Jim dachte, es seien vielleicht die vielen Stunden intellektueller Unterhaltung über die Schrift gewesen, aber Mario gab diese Antwort:

Erinnerst du dich an das erste Mal, als ich bei dir vorbeikam? Wir gingen zusammen in irgendein Restaurant und ich habe mit dir und deiner Familie einen Teller Suppe gegessen. Wie ich so dasaß und euch beobachtete, dich und deine Frau und eure Kinder, und wie ihr miteinander umgingt, fragte ich mich: Wann werde ich eine solche Beziehung mit meiner Verlobten haben? Als mir bewusst wurde, dass die Antwort „nie" war, schlussfolgerte ich, dass ich allein schon um zu überleben Christ werden müsste.[26]

Nichtchristen Fürsorge und Liebe zu zeigen, indem wir sie zu uns nach Hause einladen, ist ein kraftvoller Magnet, der Menschen zu Christus zieht. Petersen zitiert auch Bo Smith, Professor am *Bethel College,* der mit Muslimen arbeitet: „90 Prozent der Evangelisation ist die Liebe."[27] Unser Heim mit anderen zu teilen gehört zu den liebevollsten, bemerkenswertesten Dingen, die wir tun können, um die Nachricht von Christi Liebe besser zu kommunizieren.

Um jedoch unser Zuhause effektiv nutzen zu können, ist es nötig, unsere Vorstellung von

Gastfreundschaft zu erweitern. Wenn wir an Gastfreundschaft denken, schwebt uns meistens die Gemeinschaft mit engen Freunden und Familie vor. Weil wir diesen Menschen am nächsten stehen, wollen wir sie natürlich auch zu uns einladen. Unser Herr erkennt diese Nähe an, fordert uns jedoch auch auf, den Kreis zu erweitern, um nicht verwandte und bedürftige Menschen mit einzuschließen:

Er sprach aber auch zu dem, der ihn eingeladen hatte: Wenn du ein Mittag- oder ein Abendessen machst, so lade nicht deine Freunde ein noch deine Brüder noch deine Verwandten noch reiche Nachbarn, damit nicht etwa auch sie dich wieder einladen und dir Vergeltung zuteil werde. Sondern wenn du ein Mahl machst, so lade Arme, Krüppel, Lahme, Blinde ein! Und glückselig wirst du sein, weil sie nichts haben, um dir zu vergelten; denn es wird dir vergolten werden bei der Auferstehung der Gerechten.
Lukas 14,12–14

Es ist nichts Falsches daran, mit Freunden und Verwandten zu essen.[28] Es ist sogar wichtig, um Familienbeziehungen und Freundschaften zu pflegen. Unser Herr selbst genoss es, mit engen Freunden und geliebten Menschen zu essen. Das Heim von Maria, Martha und Lazarus zum Beispiel besuchte er sehr gerne (Lukas 10,38–42). Aber Jesus war vor

40

allem bekannt dafür, dass er mit unerwünschten, unbekannten und nichtreligiösen Menschen aß (Lukas 19,1–10). Und in Lukas 14 lehrte Jesus seiner Jünger, die Unwillkommenen willkommen zu heißen. Jesus sagt: „Öffne dein Heim den Vernachlässigten, Einsamen und denen, die sonst niemand einlädt." Aus diesem Grund hebt sich die Ausübung christlicher Gastfreundschaft wirklich von der sonst üblichen Gastfreundschaft ab, weil sie sich den ungewollten, bedürftigen Menschen öffnet, die sich nicht revanchieren können. Viele Menschen üben Gastfreundschaft nur, um ihre eigenen gesellschaftlichen Bedürfnisse zu erfüllen. Manchmal ist es eine selbst verherrlichende Show, um andere mit dem eigenen Haus oder seinen Bewirtungskünsten zu beeindrucken. Christliche Gastfreundschaft dagegen ist ein demütiger, opfernder Dienst.

Wir wollen natürlich alle angesehene und charmante Gäste haben, aber Jesus sagt, wir sollen die Armen und Kranken einladen, die sich nicht revanchieren können. Ich frage mich, ob wir wirklich verstehen, was unser Herr in Lukas 14 vermitteln will. Der verstorbene Francis Schaeffer und seine Frau Edith hatten es auf jeden Fall begriffen. Sie öffneten ihr Zuhause *(L'Abri Fellowship)* allen, die der Herr zu ihnen schickte.[29] Sie kümmerten sich um drogenabhängige und psychisch kranke Menschen ebenso wie um diejenigen, die Fragen hatten und geistliche

Führung suchten. Mit ihrem Heim und der *L'Abri*-Gemeinschaft dienten sie Menschen aus jeder Gesellschaftsschicht und aus aller Welt.

Einsame Menschen in unserer Nachbarschaft müssen mit Christi Liebe erreicht werden. Es gibt alleinstehende Menschen, die der liebenden Fürsorge einer Familie bedürfen. Es gibt Witwen, die jeden Tag alleine essen. Es gibt unangenehme Nachbarn, die man nicht gerne um sich hat, aber die dringend erreicht werden müssen. Es gibt Flüchtlinge, die vorübergehende Unterkunft brauchen, ehe sie eine dauerhafte Bleibe finden. Gastfreundschaft könnte das Instrument sein, diese Menschen auf die Liebe des Heilands hinzuweisen.

Erkennen Sie das Potenzial, das darin steckt, wenn Sie Ihr Zuhause nutzen, um Christi Liebe zu demonstrieren und Menschen für den Heiland zu gewinnen? Sie müssen nicht ein Prediger sein oder eine jahrelange Ausbildung absolvieren, um Ihr Heim zu nutzen, bedürftige Menschen zu lieben und ihnen zu dienen. Wenn Sie einfach nur Ihre Türen öffnen, werden die Menschen kommen. Um es mit den Worten von William Barclay zu sagen: „Das Christentum war und sollte immer noch die Religion der offenen Tür sein."[30]

Das Heim als Zuflucht
für reisende Evangelisten und Lehrer

Bei der Verbreitung des Evangeliums im riesigen Römischen Reich verließen sich reisende Evangelisten
und Lehrer auf ein Netzwerk von gastfreundlichen
Glaubensgeschwistern, die für sie Unterkunft, Nahrung und Reisekosten bereitstellten.

Wir müssen zwei Dinge wissen, um die Bedeutung dieser Tatsache zu begreifen. Erstens: Christliche Gemeinden brauchten reisende Lehrer, die sie
in ihrem Kampf für den Glauben ermutigten und
stärkten (Apostelgeschichte 18,27–28). Auch hing
die weltweite Verbreitung des Evangeliums an Evangelisten, die willens waren, ihr eigenes gemütliches
Heim zu verlassen und zu reisen, um die gute Botschaft in alle Nationen zu tragen. Diese ersten christlichen Lehrer und Evangelisten waren keine gut fi-
nanzierte Gruppe von Reisenden, die sich regelmäßig
eine Unterkunft in einem Gasthaus leisten konnten,
also mussten sie sich auf die großzügige Gastfreundschaft von Christen verlassen. Zweitens gab es sehr
wenige akzeptable Unterkünfte, wo christliche Reisende bleiben konnten. Gasthäuser waren berüchtig-
te, unmoralische, schmutzige Orte.[31]

In dem Wissen um die besonderen Bedürfnisse reisender Evangelisten und Lehrer sagte Jesus,
dass seine Botschafter erwarten konnten, von den

Empfängern des Evangeliums Unterkunft, Nahrung und Reisebedarf zu erhalten (Matthäus 10,9–11; Lukas 10,7–8). Tatsächlich bedeutete, einem Botschafter Gottes die Gastfreundschaft zu verweigern, zugleich, die Botschaft Gottes an sich abzulehnen (Lukas 10,10–16). Es war also ganz natürlich für die Apostel, sich auf die liebende Gastfreundschaft ihrer Mitchristen zu verlassen, wenn es um Lebensunterhalt und Reisekosten ging. Was einige dieser gastfreundlichen Christen getan haben, ist im göttlich inspirierten Neuen Testament vorbildhaft für uns beschrieben. Es folgen einige dieser wunderbaren Beispiele christlicher Gastfreundschaft.

Simon, der Gerber

Lukas schreibt, dass Petrus „viele Tage in Joppe bei einem Gerber Simon blieb" (Apostelgeschichte 9,43). Simons Haus wurde zum vorübergehenden Zuhause und zur Operationsbasis für die Verbreitung des Evangeliums und die Unterweisung der Christen in Joppe (Apostelgeschichte 9,35–10,23). Durch diese großzügige Gastfreundschaft wurde Simon zu Petrus' Partner in der Arbeit für das Evangelium (3. Johannes 8). Simon ist ein Beispiel für diejenigen, die „Engel beherbergten", ohne es zu wissen (Hebräer 13,2). Er hatte das Privileg, Petrus zu beherbergen –

einen Apostel unseres Herrn – und die drei besonderen Botschafter von Kornelius, dem ersten Heiden, der sich bekehrte (Apostelgeschichte 10,21–23).

Lydia

Lydia ist ein bemerkenswertes Beispiel eifriger und freudiger Gastfreundschaft (siehe Römer 12,13; 1. Petrus 4,9). Zur Zeit ihrer Bekehrung durch die Predigten von Paulus bemerkt Lukas: „Als sie aber getauft worden war und ihr Haus, bat sie und sagte: Wenn ihr urteilt, dass ich an den Herrn gläubig sei, so kehrt in mein Haus ein und bleibt! Und sie nötigte uns" (Apostelgeschichte 16,15). Lydia verstand, welche besondere Unterstützung sie diesen Dienern Gottes geben konnte. Ihre Gastfreundschaft würde sie frei machen, Gott auf größere Weise zu dienen. Sie konnte auch diesen eingefleischten Junggesellen das Leben ein bisschen einfacher machen.

Obwohl sie ein Textilgeschäft besaß, sagte Lydia nicht, so wie so viele von uns heute es tun würden: „Ich habe mit meinem Geschäft zu viel um die Ohren, um mich zu Hause um diese Männer kümmern zu können. Das soll jemand anders machen." Das Evangelium hatte Lydias Herz berührt; sie wollte bei seiner Verbreitung helfen (3. Johannes 8). Gastfreundschaft war ihre Art, Dankbarkeit und Liebe für den Gott ihres Heils auszudrücken. Wenn wir zu beschäftigt sind, um Gott zu dienen und seinen Dienern zu helfen, dann stimmt etwas mit unseren geistlichen Prioritäten nicht.

Philemon

Philemon, ein Christ aus der Stadt Kolossä, war bekannt für seinen liebenden Geist und sein offenes Haus. So konnte Paulus aus dem Gefängnis in Rom schreiben: „(...) bereite mir auch eine Herberge! Denn ich hoffe, dass ich durch eure Gebete euch werde geschenkt werden [d. h.: ... dass ich aus der römischen Gefangenschaft entlassen werde]" (Philemon 22). Diese Worte kommunizieren so viel Liebe und Intimität. Weil Paulus wusste, dass Philemon ein liebenswürdiger Gastgeber und ein geliebter Bruder war, konnte er sich selbst vertrauensvoll in Philemons Haus einladen. Würde Paulus sich frei fühlen, sich bei Ihnen einzuladen?

Gajus und Gajus

Der wohl bekannteste Name im Neuen Testament, der mit der christlichen Gastfreundschaft in Verbindung gebracht wird, ist Gajus. Tatsächlich berichtet das Neue Testament sogar von zwei Männern namens Gajus, die für ihre herausragende Gastfreundschaft bekannt waren.

Paulus erklärte freudig Gajus aus Korinth als seinen persönlichen Gastgeber sowie als Gastgeber der gesamten Gemeinde in Korinth: „Es grüßt euch Gajus, mein und der ganzen Gemeinde Wirt" (Römer 16,23). Gajus muss eine großes Haus gehabt haben, wenn die ganze Gemeinde darin Platz hatte. Für uns heute bedeutet das, dass wenn Gott uns mit einem Haus und den finanziellen Ressourcen ausstattet, wir verpflichtet sind, sie für den Dienst an ihm und seinen Leuten zu verwenden.

Der 3. Johannesbrief ist an den zweiten Gajus gerichtet. Hier drückt Johannes ein herzliches Lob für Gajus in Bezug auf seine beispielhafte Gastfreundschaft an reisenden Predigern aus:

Geliebter, treu handelst du in dem, was du an den Brüdern, sogar an Fremden, tust – sie haben vor der Gemeinde von deiner Liebe Zeugnis gegeben –, und du wirst wohltun, wenn du sie zur Reise ausstattest, wie es Gottes würdig ist. Denn für den Namen sind sie hinausgegangen, und sie nehmen nichts von den Heiden. Wir nun sind schuldig, solche aufzunehmen, damit wir Mitarbeiter der Wahrheit werden.

3. Johannes 5–8

Gajus hatte „Fremden" (Vers 5) Gastfreundschaft gezeigt, die wahrscheinlich Prediger aus der Heimatgemeinde von Johannes und von ihm persönlich ausgesandt waren. Als sie nach Hause zurückkehrten, erstatteten diese reisenden Prediger einen glühenden Bericht von Gajus' herzlicher Gastfreundschaft und seinem Mut. Im 3. Johannesbrief informiert Johannes Gajus darüber, dass diese Prediger liebevoll von seiner gütigen Gastfreundschaft gesprochen hatten: „... sie haben vor der Gemeinde von deiner Liebe Zeugnis gegeben."

Besonders bemerkenswert ist, dass Johannes von der Gastfreundschaft des Gajus als von „seiner Liebe" spricht. Gajus' Gastfreundschaft floss aus seiner Liebe zu Gott, zur Wahrheit und zu seinen Glaubensbrüdern. Bezugnehmend auf Gajus' Gastfreundschaft schreibt John Henry Jowett, ehemaliger Prediger in der *Westminster Chapel* in London: „Wahre Liebe ist ein vortrefflicher Gastgeber, ein veritabler Gajus in der großzügigen Aufnahme, die sie müden und wundgelaufenen Pilgern bietet."[32]

Nachdem er Gajus für das lobt, was er in der Vergangenheit für die Diener Gottes getan hat, bittet Johannes ihn, noch einmal gegenüber den Männern, die gerade bei ihm sind, Gastfreundschaft zu üben: „und du wirst wohltun [das ist eine Redensart, die eine Bitte ausdrückt], wenn du sie zur Reise ausstattest, wie es Gottes würdig ist" (3. Johannes 6b). Die

Worte „sie zur Reise ausstattest" bedeuten viel mehr als ein freundliches Lebewohl; sie schließen ausreichende Vorkehrung für den nächsten Abschnitt ihrer Reise mit ein.[33] Darüber hinaus entsprach der Standard dessen, wie Gajus diesen reisenden Brüdern half, dem, „wie es Gottes würdig ist". Das bedeutete: reichlich und großzügig, auf eine Art, die für Gott charakteristisch und gefällig wäre.

Gott ist nicht rücksichtslos, geizig oder gleichgültig. Also sollten wir es auch nicht sein, wenn wir uns um seine Diener kümmern. Ganz praktisch bedeutet christliche Gastfreundschaft für reisende Evangelisten und Lehrer heute, ihnen Nahrung zu bieten, ihre Kleider zu waschen und bereitzustellen, finanzielle Hilfe für ihre Reisekosten zur Verfügung zu stellen, Wegbeschreibungen zu geben und sich um ihr Auto zu kümmern, wenn das ihr Transportmittel ist.

Die Verantwortung und Belohnung für großzügige Gastfreundschaft

Man beachte, warum Gajus diesen Predigern auf ihrer Reise helfen sollte: „Denn für den Namen sind sie hinausgegangen, und sie nehmen nichts von den Heiden. Wir nun sind schuldig, solche aufzunehmen, damit wir Mitarbeiter der Wahrheit werden" (Verse 7–8). Diese

Reisenden waren nicht auf Besuch oder im Urlaub unterwegs, sie arbeiteten und reisten um der Sache Christi willen. Sie nahmen keine materielle Hilfe von Ungläubigen an und verließen sich für ihren Unterhalt auf Gott. Sie waren nicht „Bettelmönche". Deswegen war Gottes Volk verpflichtet (und ist es noch heute), diesen Botschaftern Gottes Hilfe zu leisten.

Wahrscheinlich besuchten diese Reisenden die Gemeinden, um sie zu belehren und bei Problemen zu helfen. (Gott sei gedankt für solche Männer.) In diesem Fall halfen sie wahrscheinlich der Gemeinde von Gajus, die ernsthafte Schwierigkeiten hatte, da der Gemeindediktator Diotrephes diesen Lehrern die Gastfreundschaft verweigerte (Verse 9–10). Die Reisenden verrichteten wichtige Dienste für die Sache Christi.

Johannes schreibt weiter, dass wir zu Partnern der Botschafter Gottes in der Verbreitung und in dem Schutz der Wahrheit werden, wenn wir uns um sie kümmern: „Wir nun sind schuldig, solche aufzunehmen, damit wir Mitarbeiter der Wahrheit werden" (Vers 8). Das Wort „aufzunehmen" schließt praktische Hilfe wie Gastfreundschaft, Nahrung oder Geld mit ein. Wenn Christen einander unterstützen, wird das Wort verbreitet.

Es wird eine Geschichte über William Carey, einen der bekanntesten frühen Missionare in Indien, erzählt. Als Andrew Fuller zu ihm sagte: „Es gibt eine

Goldmine in Indien, aber sie liegt so tief verborgen, dass man den Eindruck haben könnte, sie befindet sich im Zentrum der Erde!", erwiderte William Carey sofort: „Ich werde mich hinunterwagen, aber du musst die Seile halten!"[34] Gottes Dienern zu helfen und ihnen gegenüber gastfrei zu sein ist eine Art, wie wir diejenigen, die sich als Botschafter der Guten Nachricht von Jesus hinauswagen, unterstützen und ihre „Seile halten" können.

Darüber hinaus ist die Ausübung von Gastfreundschaft Gottes Dienern gegenüber eine der bereicherndsten Erfahrungen im Leben eines Christen. Missionare, die wir in unser Heim aufgenommen haben, sind zum Beispiel ein besonderer Segen für unsere Familie gewesen. Wir haben wirklich viel über das Werk des Herrn in der ganzen Welt gelernt, als diese Diener Gottes uns von dem, was Gott durch sie tat, erzählt haben. Es war auch eine Ermutigung für unser Glaubensleben, aus erster Hand zu erfahren, wie die Macht des Evangeliums das Leben dieser Menschen veränderte. Eine weitere Belohnung, die aus unserer Gastfreundschaft erwuchs, sind die vielen Freundschaften, die wir mit Kindern Gottes aus aller Welt geschlossen haben. Wir fühlen uns wirklich als ein Teil der weltweiten Familie Gottes.

Ihre Kinder werden besonders davon profitieren, wenn Sie Gottes Diener in Ihr Heim einladen. Ich glaube, dass unsere Kinder reifer und erfahrener sind, weil sie Menschen aus aller Welt kennengelernt haben und mit ihnen zu tun hatten. Wenn Sie gottesfürchtige Männer und Frauen in Ihrem Zuhause aufnehmen, wird das eine einzigartige Erfahrung für Ihre Kinder sein. Sie werden aus der Unterhaltung der Erwachsenen mehr lernen, als Sie sich vorstellen können, besonders wenn es um die Arbeit des Herrn geht. Sie werden kostbare, unauslöschliche Erinnerungen haben, die sie ihr Leben lang begleiten. Sie werden auch viele wertvolle Lektionen über den Dienst an anderen lernen, wenn sie erleben, wie Sie Gottes Dienern dienen und bedürftigen Menschen die Liebe Christi zeigen. Das wird den Glauben ihrer Kinder stärken. Sie werden aufgrund dessen, was sie zu Hause sehen, die Realität ihres eigenen Glaubens erkennen.

Der bekannte Radioprediger und Autor Stephen F. Olford, der in Afrika als Sohn von Missionaren geboren wurde, gibt die Eindrücke seiner Kindheit über die großzügige Gastfreundschaft seiner Eltern folgendermaßen wieder:

Niemand kann vorhersagen, welche ewige Belohnung uns für christliche Gastfreundschaft zukommen wird. Aber schon jetzt erwartet uns ein Ausgleich. Gastfreundschaft ist ein aufregendes Abenteuer und zeigt wunderbare Erträge. Wenn ich an meine Kindheit zurückdenke, preise ich Gott für die Bereicherung, die mein Leben durch gottesfürchtige Männer und Frauen erfuhr, die unser Heim besuchten. Eindrücke, die in den Entwicklungsjahren gemacht wurden, kommen dem erwachsenen Kind gut zustatten.[35]

Verpassen Sie nicht diese tiefen persönlichen, lehrreichen und ewigen Segnungen. Öffnen Sie Ihr Haus für Gottes Diener.

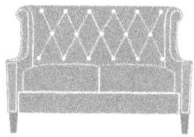

4

Neutestamentliche Aussagen zur Gastfreundschaft

... nach Gastfreundschaft trachtet!
Römer 12,13a

Seid gastfrei gegeneinander ohne Murren!
1. Petrus 4,9

Die Gastfreundschaft vergesst nicht!
Hebräer 13,2a

*Wir nun sind schuldig, solche aufzunehmen, damit wir
Mitarbeiter der Wahrheit werden.*
3. Johannes 8

Der Aufseher nun muss (...) gastfrei [sein] ...
1. Timotheus 3,2

Eine Witwe soll ins Verzeichnis eingetragen werden, (...)
wenn sie Fremde beherbergt ...
1. Timotheus 5,10c

Das Thema „Gastfreundschaft" weckt bei vielen Be-
fürchtungen. Es wirft viele unbequeme Fragen auf.
Wenn sie von ihrer Verpflichtung hören, Gastfreundschaft zu üben, finden die meisten Christen eine Menge kreativer Ausreden, warum sie dieser Pflicht nicht
nachkommen können. Und doch gibt es für Christen die Aufforderung, Gastfreundschaft zu üben. In
Testaments of Love (Zeugnisse der Liebe), eine der besten
Studien zur biblischen Doktrin der Liebe, schreibt Dr.
Leon Morris, ehemaliger Vorsteher des *Ridley College* in
Melbourne, Australien: „Der Gastfreundschaft wurde ganz offensichtlich hoher Wert beigemessen, wie
man aus der Anzahl der Ermahnungen, sie zu üben,
rückschließen kann."[36] Ich bin überzeugt, dass wir nur
durch das Studium des lebendigen, lebenspendenden,
lebensverändernden Wortes Gottes hoffen können,
unsere Ängste, Ausreden und unsere Apathie in Bezug auf die Gastfreundschaft überwinden zu können.
Nur die Macht des Wortes und des Geistes kann uns
überzeugen, dass die Gastfreundschaft ein wesentlicher Teil des gesunden christlichen Lebens ist, und uns

dazu bewegen zu handeln. Wir werden also in diesem Kapitel die „Ermahnungen" des Neuen Testamentes betrachten, Gastfreundschaft zu üben (mit der Ausnahme von 3. Johannes 8, da diese Stelle schon im letzten Kapitel erklärt wurde).

Nach Gastfreundschaft trachten

Paulus ordnet den Christen in Rom die Gastfreundschaft an: „(...) an den Bedürfnissen der Heiligen nehmt teil; nach Gastfreundschaft trachtet!" (Römer 12,13). Um die Bedeutung dieser kurz gehaltenen Ermahnung voll zu erfassen, müssen wir den weiteren Kontext, in dem sie auftaucht, untersuchen, beginnend mit Römer 12,1–2. Paulus ermutigt die Christen hier, sich Gott als lebendige Opfer hinzugeben, die sich nicht dem Bösen dieser Welt anpassen, sondern verwandelt sind durch die Erneuerung ihres Sinnes, der Gottes Willen erkennt:

> *Ich ermahne euch nun, Brüder, durch die Erbarmungen Gottes, eure Leiber darzustellen als ein lebendiges, heiliges, Gott wohlgefälliges Opfer, was euer vernünftiger Gottesdienst ist. Und seid nicht gleichförmig dieser Welt, sondern werdet verwandelt durch die Erneuerung des Sinnes, dass ihr prüfen mögt, was der Wille Gottes ist: das Gute und Wohlgefällige und Vollkommene.*

Sofort im Anschluss an diese herausfordernden Verse zur persönlichen Hingabe macht Paulus spezifische Aussagen, die erklären, was es im täglichen Leben ganz praktisch heißt, einen erneuerten Sinn zu haben und Gottes Willen gemäß zu leben.

Zuerst spricht Paulus von der Demut und der Ausübung von geistlichen Gaben (Verse 3–8). Als Nächstes erstellt er eine Serie von kurzen Aufforderungen rund um das Thema „Liebe": „Die Liebe sei ungeheuchelt ... In der Bruderliebe seid herzlich zueinander" (Verse 9–10a). Der Bibelkommentator Charles E. B. Cranfield schlägt als Überschrift für die Verse 9–13 „Liebe in Aktion" oder „Die Zeichen der Liebe" vor.[37] Die Erinnerung, Gastfreundschaft zu üben, erscheint also im Kontext der Liebe und des aufopfernden christlichen Lebens. Liebe und Gastfreundschaft gehören immer zusammen.

Als Brüder und Schwestern in Christus sollen wir eine eng verbundene Familie sein. Wir sollen Zeit miteinander verbringen, einander lieben und uns um einander sorgen. Das können wir nicht tun, wenn unsere Türen geschlossen bleiben. Gastfreundschaft ist also ein wunderschöner Ausdruck unseres verwandelten Lebens, das Gott ganz hingegeben ist. Lassen Sie uns auch nicht die Tatsache übersehen, dass die Verse 9–13 geisteingegebene Gebote sind, die jeder Christ in jeder Kultur befolgen soll. Das Neue Testament deutet an keiner

Stelle darauf hin, dass nur bestimmte Menschen oder bestimmte Kulturen die Fähigkeiten haben, gastfreundlich zu sein. Im Gegenteil: Es zeigt vielmehr die Gastfreundschaft als wesentlichen Teil der brüderlichen und schwesterlichen Liebe und christlicher Gemeinschaft. Da uns geboten wird, einander so zu lieben, wie Christus uns geliebt hat, sollte es uns nicht überraschen, dass wir im Neuen Testament aufgefordert werden, gastfrei zu sein. Dies ist etwas, das alle Christen im Gehorsam Gott gegenüber tun sollten. Helga Henry, die Frau des Autors und Theologen Carl F. H. Henry, drückt dies unmissverständlich aus: „Christliche Gastfreundschaft ist nichts, was man sich aussuchen kann; sie ist keine Sache des Geldes; sie ist keine Sache des Alters, der gesellschaftlichen Stellung, des Geschlechts oder der Persönlichkeit. Christliche Gastfreundschaft ist eine Sache des Gehorsams Gott gegenüber."[38]

Wir müssen auch beachten, dass das ursprüngliche griechische Wort, das hier benutzt wird, *diōkō* heißt, das am besten mit „trachten nach", „nachjagen" oder „streben" übersetzt wird. Man denkt normalerweise nicht, dass man der Gastfreundschaft nachjagt, aber das ist es, was die Bibel von uns verlangt. Leon Morris sagt, das Wort *diōkō* „deutet auf starke Bemühungen" hin.[39] Der griechische Gelehrte und Ausleger C. K. Barrett versucht, die Stärke des Verbs mit der

Formulierung „bt Gastfreundschaft mit Begeiste-
rung!" zu betonen.[40] Der französische Ausleger Godet übersetzt: „eifrig Gastfreundschaft zu zeigen"[41].

Sicherlich ist „trachten" oder „streben "ein stär-
keres, zwingenderes Wort als „ausüben". Im Neuen
Testament fordert Gott uns auf, nach Gerechtigkeit
zu streben (1. Timotheus 6,11), allezeit nach dem
Guten zu streben (1. Thessalonicher 5,15), den Frie-
den zu suchen und ihm nachzujagen (1. Petrus 3,11),
nach der Liebe zu streben (1. Korinther 14,1) – und
hier, nach Gastfreundschaft zu trachten. Wir sollen
also aktiv der Gastfreundschaft nachgehen, sie propagieren und anstreben. Wir sollen darüber nachden-
ken, dafür planen, uns darauf vorbereiten, darüber
beten und nach Gelegenheiten suchen, sie zu üben.
Kurzum lehrt uns der Abschnitt im Römerbrief, Kapitel 12, dass alle Christen der Ausübung der Gastfreundschaft nacheifern sollen.

In seinem Kommentar schreibt Richard C. H.
Lenski: „Im Blick auf die Gastfreundschaft: Jagt ihr
nach! ... Gastfreundschaft soll im wahrsten Sinne des
Wortes gejagt werden, wie man ein Tier jagt und sich
daran erfreut, die Beute nach Hause zu tragen."[42]
Viele weitere Kommentatoren betonen diesen Gedanken des aktiven Nachjagens der Gastfreundschaft. Godet bemerkt: „Wir sollten sogar nach Gelegenheiten suchen, sie auszuüben."[43] John Murray
schreibt: „Wir sollen aktiv sein in dem Streben nach

Gastfreundschaft und sie nicht nur – vielleicht sogar nur widerwillig – erweisen (...), wenn die Notwendigkeit sie unumgänglich macht."[44] Robert Haldane, einer der großen Kommentatoren des Römerbriefes schreibt: „Wir werden hier nicht nur angewiesen, Gastfreundschaft zu üben, sondern – nach der Bedeutung des Urtextes – ihr nachzujagen oder nach ihr zu trachten. Christen sollen nach Gelegenheiten suchen, auf diese Weise Liebe für ihre Geschwister zu bekunden."[45]

Bitte erlauben Sie mir, die folgenden Fragen zu stellen: Jagen Sie eifrig Gelegenheiten nach, Gastfreundschaft zu üben, oder ist das etwas, das Sie nur zu Feiertagen und zu besonderen Anlässen tun? Verstehen Sie die wichtige Rolle der Gastfreundschaft innerhalb der christlichen Gemeinschaft? Sehen Sie den Zusammenhang zwischen brüderlicher Liebe und Gastfreundschaft? Nur wenn wir verstehen, dass der Geist Gottes uns auffordert, Gastfreundschaft zu üben, werden wir ausreichend motiviert sein, unsere Häuser aufopfernd anderen zu öffnen.

Gastfreundschaft gerne ausüben

Die Verknüpfung zwischen christlicher Liebe und Gastfreundschaft wird in 1. Petrus 4 noch deutlicher betont als in Römer 12:

Vor allen Dingen aber habt untereinander eine an-
haltende Liebe! Denn die Liebe bedeckt eine Menge
von Sünden. Seid gastfrei gegeneinander ohne Murren!
Wie jeder eine Gnadengabe empfangen hat, so dient da-
mit einander als gute Verwalter der verschiedenartigen
Gnade Gottes!
1. Petrus 4,8–10

Die Christen, an die Petrus hier schreibt, erlitten bittere Verfolgung (1. Petrus 4,12–19). Im Angesicht
heidnischer Anfeindungen weiß Petrus, dass innige
Liebe und Einheit unter Christen von großer Bedeutung sind, wenn es darum geht, in den rauen Stürmen
der Verfolgung bewahrt zu bleiben. Also drängt Petrus
seine Brüder und Schwestern, „anhaltende Liebe" untereinander zu haben (Vers 8).

Das griechische Wort für „anhaltend" übermittelt
die Vorstellung von Ernsthaftigkeit, dauerhafter Bemühung oder Entschlossenheit. Cranfield warnt:

„Anhaltend" gibt vielleicht die falsche Nuance; denn es
könnte andeuten, dass die Betonung auf der Wärme
des Gefühls liegt, obwohl das griechische Wort, für das
es steht (...), eher den angespannten Muskel anstrengen-
der und anhaltender Bemühung andeutet, wie bei einem
Athleten. (...) Es deutet eine bestimmte Zähigkeit der
Liebe an, Liebe die durchhält.[46]

Als Christen sollten wir uns deshalb voll verausgaben in der Liebe untereinander. Eine sehr praktische Art, unsere Liebe auszudrücken, ist, Gastfreundschaft zu üben. Gastfreundschaft facht die Flammen der Liebe an. Sie fördert und erhält die Liebe. Sie bereichert und vertieft *agapē*-Liebe. Sie erneuert Liebe. Deswegen folgt auf Petrus' Ermahnung, innig zu lieben, wie selbstverständlich das Gebot, gerne Gastfreundschaft zu üben.

Es ist wichtig, zu verstehen, was für eine Art von Gebot Petrus hier gibt. Das Gebot, Gastfreundschaft zu üben (Verse 8), ist eines von vielen „Einander-Gebote" im Neuen Testament. Christen werden angehalten, einander zu lieben, füreinander zu beten, einander zu dienen, einander zu ermahnen, einander aufzubauen, füreinander zu sorgen, die Lasten füreinander zu tragen, und hier, einander gegenüber gastfrei zu sein. Das reziproke (wechselseitige) Pronomen „einander" in diesem Vers deutet an, dass Petrus sich auf die generelle Gastfreundschaft von Christen untereinander bezieht, nicht nur auf die für reisende Christen oder Lehrer.[47] Er spricht hier von der alltäglichen Gastfreundschaft.

Da wir „untereinander jeder einer des anderen Glied sind" (Römer 12,5), sollen wir alle die Liebe und Fürsorge von Jesus Christus aneinander üben. Das ist ein Teil des Lebens im Leib Christi. Das ist Teil der dynamischen Wechselbeziehung, die zwischen den Gliedern des Leibs Christi existiert. Mitglieder der christlichen Gemeinschaft sollen also gegenseitig Gastfreundschaft üben.

In der sogenannten Brüderbewegung, die im England des letzten Jahrhunderts entstand, nahm man Petrus' Aufforderung, einander gegenüber gastfrei zu sein, sehr ernst. Nathan Smith schreibt in einer historischen Abhandlung über die Brüderbewegung, die insbesondere mit dem berühmten Mann des Glaubens und Waisenhausdirektors Georg Müller (1805–1898) in Verbindung gebracht wird:

Sie besuchten einander freimütig in ihren Häusern und trafen sich oft zum Essen und zur Gemeinschaft. In den frühen Tagen wurden sie bekannt als diejenigen, die alles aufgaben und allen Menschen gegenüber Gastfreundschaft zeigten. Diese letzte Eigenschaft trifft im Wesentlichen immer noch zu, denn die Brüder sind bekannt als Menschen, die die Gastfreundschaft pflegen.[48]

Wie traurig, dass nicht alle christlichen Bewegungen, Denominationen und örtlichen Gemeinden für ihre großzügige, liebevolle Gastfreundschaft bekannt sind. Meistens sind es nur ein paar wenige Familien innerhalb einer örtlichen Gemeinde, die jemals den Dienst der Gastfreundschaft ausüben. Unglücklicherweise ist vielen Christen nicht wirklich bewusst, welches Ausmaß an Liebe und Verbundenheit verloren geht, wenn nur ein oder zwei Familien in der örtlichen Gemeinde Gastfreundschaft üben. Die Schrift ermahnt *alle* Glieder der Gemeinde, gastfrei zu sein, damit sie vollen Anteil haben an dem Leben des Leibes Christi.

Die richtige Einstellung bewahren

Die Hauptbetonung von Petrus' Aufforderung liegt auf den Worten „ohne Murren" in Vers 9. Murren dient nicht dazu, dass die Liebe gefördert wird; es fördert Missklang, Enttäuschung und Unzufriedenheit. Das Gegenteil von Murren ist Freude – die Bereitschaft, freudig die Unannehmlichkeiten, die Arbeit und die Kosten der Gastfreundschaft anzunehmen. Gastfreundschaft ist eine Form des Gebens und „einen fröhlichen Geber liebt Gott" (2. Korinther 9,7). Lassen Sie uns also Gott um einen fröhlichen Geist bitten, während wir Gastfreundschaft üben.

Ganz bestimmt kann der Dienst (und die damit verbundenen Unannehmlichkeiten) der Gastfreundschaft unsere murrenden Knochen aufrütteln. Gastfreundschaft erfordert Arbeit. Sie kann kostspielig sein und ist auch oft unbequem. Sie nimmt viel Zeit in Anspruch. Sie belastet die Familie. Manchmal missbrauchen Gäste die Gastfreundschaft ihrer Brüder und Schwestern. Und in Zeiten der Verfolgung kann Gastfreundschaft sogar gefährlich sein.

Gastfreundschaft ist deswegen ein konkreter, bodenständiger Test unserer innigen Liebe zu Gott und seinen Kindern. Liebe kann ein abstraktes, unkonkretes Ideal sein; Gastfreundschaft ist spezifisch und greifbar. Wir beschweren uns selten darüber, andere zu sehr zu lieben, aber wir beschweren uns doch über die Unannehmlichkeiten der Gastfreundschaft. Gastfreundschaft ist Liebe in Aktion. Gastfreundschaft ist Fleisch und Muskeln an den Knochen der Liebe. Durch fürsorgliche Handlungen der Gastfreundschaft wird die Realität unserer Liebe auf die Probe gestellt.

Die Sünde der Selbstsucht

Im Herzen sind wir alle selbstsüchtig und Selbstsucht ist der große Feind der Gastfreundschaft. Wir wollen nicht belästigt werden. Wir wollen unsere Privatsphäre oder unsere Zeit nicht mit anderen teilen. Wir gehen auf in unseren persönlichen Bequemlichkeiten. Wir wollen frei sein, dem, was uns wichtig ist, nachzugehen, ohne die Einmischung anderer und ohne auf die Bedürfnisse anderer achten zu müssen. Wir möchten die Verantwortung und Arbeit, die Gastfreundschaft mit sich bringt, nicht haben. Wir sind geizig und wollen unser Essen, unser Zuhause oder unser Geld nicht teilen. Wir befürchten, dass wir ausgenutzt werden oder dass unser Besitz beschädigt wird.

Diese Einstellung jedoch ist selbstsüchtig und Selbstsucht ist Sünde. Selbstsucht ist ein Merkmal des alten, uneinsichtigen Lebens. Sie ist Ausdruck von Weltlichkeit. Sie ist das Gegenteil der Liebe. Sie steht der Gastfreundschaft entgegen. Sie ist allem, was Jesus gelehrt und gelebt hat, völlig entgegengesetzt. Er ist unser Vorbild; Er lebte sein Leben für andere. Deswegen müssen wir unsere sündige Selbstsucht Gott und seinem Volk gegenüber bekennen. Wir müssen danach trachten, einander freudig zu dienen, wie er uns gedient hat, und dadurch an der Liebe teilhaben, die er für sein Volk vorgesehen hat.

Unsere geistlichen Gaben nutzen

Sofort nach seiner Aufforderung, mit Freude Gastfreundschaft zu üben, drängt Petrus seine Leser dazu, ihre geistliche(n) Gabe(n) zum Dienst an den anderen einzusetzen: „Wie jeder eine Gnadengabe empfangen hat, so dient damit einander als gute Verwalter der verschiedenartigen Gnade Gottes!" (1. Petrus 4,10). Gastfreundschaft hängt mit den geistlichen Gaben ebenso zusammen wie mit der Liebe. Gastfreundschaft ist ein Vehikel, durch das eine Anzahl der geistlichen Gaben auf praktische Weise gezeigt wird – Gnade, Dienen, Geben, Evangelisieren, Helfen etc.

Die Ausübung der Gastfreundschaft nicht vergessen

Der faszinierendste Abschnitt über die Gastfreundschaft steht in Hebräer 13,1–2: „Die Bruderliebe bleibe! Die Gastfreundschaft vergesst nicht! Denn dadurch haben einige, ohne es zu wissen, Engel beherbergt." Wie in den beiden Abschnitten, die wir zuvor betrachtet haben, sehen wir hier die enge Verbindung zwischen Liebe und Gastfreundschaft. Die Formulierung „Bruderliebe" kommt von dem griechischen Wort *philadelphia*. Die Nutzung in diesem Kontext ist ganz und gar christlich. Die Griechen benutzten den Begriff „brüderliche Liebe" nicht, um von einer geistlichen Bruderschaft zu reden; sie nutzten ihn, um die Liebe zwischen leiblichen Geschwistern zu beschreiben.

Geschwister sind nicht nur dadurch verbunden, dass durch ihre Adern dasselbe Blut fließt, sie teilen darüber hinaus auch ein starkes psychologisches Band. Die Bibel vergleicht die Beziehung zwischen Christen mit der Beziehung zwischen leiblichen Geschwistern – eine Beziehung, die einzigartig ist, intim, stark, fürsorglich, hilfsbereit und familiär. Aus dieser intimen, fürsorglichen Beziehung sollten bestimmte Handlungen erwachsen – eine davon ist die Gastfreundschaft. Der bekannte Theologe B. F. Westcott, der im letzten Jahrhundert lebte, sagte kurz und knapp: „Gastfreundschaft ist die Antwort auf einen unmittelbaren Aufruf [die Bruderliebe bleibe]."[49]

Wenn wir unsere Glaubensgeschwister lieben, werden wir sie gerne in unsere Häuser einladen. Wir werden uns wünschen, dass sie unser Zuhause füllen. Das Zusammensein mit unseren Brüdern und Schwestern in unseren Häusern ist ein Vorgeschmack auf unseren herrlichen, himmlischen Wohnort, der gefüllt sein wird mit Menschen, Engeln und dem perfekten Gastgeber – Jesus Christus.

Trotz der Freude christlicher Gastfreundschaft kann es in Zeiten des geistlichen Stresses und der Antriebslosigkeit schnell passieren, dass man sie vernachlässigt. Vernachlässigung ist jedoch ein sicheres Zeichen für nachlassende Liebe. Gastfreundschaft mag teuer und anstrengend sein, aber die Geschwisterliebe verlangt sie. Deshalb warnt uns der Geist Gottes, die Gastfreundschaft nicht zu vernachlässigen.

Mit einem negativen Imperativ sagt der Autor des Hebräerbriefes: „Die Gastfreundschaft vergesst nicht!" Der griechische Text lautet: „Vernachlässigt die Gastfreundschaft nicht."

Manche Übersetzungen fügen noch „Fremden gegenüber" hinzu, aber dieser Zusatz ist nicht korrekt.

Das griechische Wort für Gastfreundschaft, das hier benutzt wird, *philoxenia*, sollte einfach nur mit „Gastfreundschaft" übersetzt werden, was das Bewirten von gänzlich Fremden wie auch engen Freunden mit einschließt.[50]

Sowohl unter Griechen als auch unter Juden war die Gastfreundschaft Fremden gegenüber eine besondere moralische Pflicht. Christliche Gastfreundschaft fordert sicherlich nicht weniger. Tatsächlich fordert Paulus die Christen in Rom auf, einer Glaubensschwester aus Kenchreä mit Namen Phoebe, welche die Gemeinde besuchte, die volle christliche Gastfreundlichkeit zuteilwerden zu lassen:

Ich empfehle euch aber unsere Schwester Phöbe, die eine Dienerin der Gemeinde in Kenchreä ist, damit ihr sie im Herrn aufnehmt, der Heiligen würdig, und ihr beisteht, worin immer sie euch braucht; denn auch sie ist vielen ein Beistand gewesen, auch mir selbst.
Römer 16,1–2

Phoebe war gerade in Rom angekommen – eine Fremde – und brauchte Unterkunft, Hilfe und Freundschaft. Also drängte Paulus die Christen in Rom, sie auf eine Art „der Heiligen würdig" willkommen zu heißen. Das bedeutete, sie sollten sie so aufnehmen, wie es ihr Status als Heilige in Christus von ihnen verlangte. Sie sollten sie mit Zuwendung, geschwisterlicher

Anteilnahme, persönlicher Fürsorge und Liebe aufnehmen – so wie Gott sie willkommen geheißen hätte.

Wenn Glaubensgeschwister in unseren Wohnorten zu Besuch kommen und dort leben oder vorübergehend arbeiten, haben wir eine Verantwortung, sie so willkommen zu heißen und ihnen behilflich zu sein, wie es unserer hohen Berufung als Heilige Gottes entspricht. Sie sollten Hilfe empfangen, indem sie in die christliche Gemeinschaft aufgenommen werden und Unterstützung bei der Suche nach einer Wohnung oder einer Arbeitsstelle bekommen. Lassen Sie uns dem Vorbild Hiobs folgen, der sagen konnte: „Der Fremde musste nicht im Freien übernachten, ich öffnete dem Wanderer meine Tür" (Hiob 31,32).

Unerwarteter Lohn

Als Bekräftigung seiner Aufforderung, treu Gastfreundschaft zu üben, fügt der Autor des Hebräerbriefes eine faszinierende und tiefgründige Bemerkung hinzu: „denn dadurch [durch die Gastfreundschaft] haben einige Engel beherbergt, ohne es zu wissen." Diese Bemerkung gab bei seinen Lesern sicherlich Anlass zu neuen Überlegungen über die Wichtigkeit und den Lohn der Gastfreundschaft. Die Leser waren jüdische Christen, waren also mit dem Alten Testament gut vertraut. Sie wussten, dass der Autor auf alttestamentliche Personen hinwies: Abraham und Sara, Lot, Gideon und die Eltern von Samson (1. Mose 18,19; Richter 6,13). Sie alle hatten Gastfreundschaft gegenüber Fremden gezeigt, die sich dann als himmlische Boten erwiesen.

Der Autor des Hebräerbriefes will nicht andeuten, dass wir übernatürliche Wesen inkognito erwarten sollen, wenn wir gastfrei sind. Er meint vielmehr, dass die Gastfreundschaft oft unerwarteten Segen und Lohn mit sich bringt. In der Beziehung zwischen Gast und Gastgeber ist es oft der Gast, der dem Gastgeber zum Segen wird. In den Evangelien ist es Jesus – der Gast –, der die Rollen vertauscht und zum Segnenden und Dienenden wird, der alle Anwesenden bereichert. Wenn Gastfreundschaft erteilt wird, gibt es gemeinsamen Segen für den Gastgeber und den Gast. Der Bibelkommentator Henry Alford erklärt gekonnt den Gedanken des Schreibers: „(...) Engel waren die Boten von Gottes geistlichen Zwecken, und solche Boten können in christlichen Gästen gefunden werden, wenn auch völlig unerwartet."[51]

Auch ich habe erlebt, wie Gäste Segen über unser Haus gebracht haben, manche von ihnen absolut unerwartet. Ich könnte über die wunderbaren Segnungen, die wir von verschiedenen Gästen empfangen haben, ein ganzes Buch schreiben. Wir haben definitiv Engel beherbergt. Gäste haben uns auf vielerlei unvorhergesehene Art gedient. Sie haben gute

Medizin in Form von Lachen und Humor zu uns ins Haus gebracht. Sie haben uns erfrischt und ermutigt. Gäste haben uns mit frischer Erkenntnis und neuen Perspektiven auf das Leben genährt. Sie haben uns herausgefordert, gestärkt und bereichert. Sie haben uns in der Liebe Christi gedient.

Obwohl unsere Motivation, Gastfreundschaft zu üben, nie nur darauf gründen sollte, welchen Segen wir selbst empfangen, werden wir gesegnet sein, wenn wir gastfreundlich sind. Wir müssen auch daran denken, dass unser Herr lehrte, Gastfreundschaft seinen Kindern gegenüber sei Gastfreundschaft, die wir ihm gegenüber zeigten:

Dann wird der König zu denen zu seiner Rechten sagen: Kommt her, Gesegnete meines Vaters, erbt das Reich, das euch bereitet ist von Grundlegung der Welt an! Denn mich hungerte, und ihr gabt mir zu essen; mich dürstete, und ihr gabt mir zu trinken; ich war Fremdling, und ihr nahmt mich auf; nackt, und ihr bekleidetet mich; ich war krank, und ihr besuchtet mich; ich war im Gefängnis, und ihr kamt zu mir. ... Wahrlich, ich sage euch, was ihr einem dieser meiner geringsten Brüder getan habt, habt ihr mir getan.
Matthäus 25,34–36.40

Wenn wir uns nur vor Augen halten würden, dass wir unseren Herrn Jesus Christus zu uns einladen, wenn wir unser Haus unseren Brüdern und Schwestern öffnen, sogar den Geringsten unter ihnen! Wenn wir diese tiefgründige Wahrheit begreifen, wird es unsere ganze Sichtweise des Dienstes an anderen Menschen verändern – besonders wie wir mit Menschen mit Problemen umgehen.

Jeder Gast ist wahrhaftig ein geehrter Gast, eine Person von unendlichem Wert, der ewig leben wird. Meine Frau sagt immer zu uns: „Wir sollten jeden Gast wie einen Engel Gottes behandeln oder wie unseren Herrn selbst. Sie sind alle wichtige Gäste." Es ist heute also genauso ein Privileg, Gottes Kinder einzuladen, wie es für Abraham eins war, Engel zu beherbergen. „Es sollte uns ermutigen", sagt der Bibelausleger William Kelly, „dass einige, so wie Abraham und Lot damals, unwissentlich Engel beherbergt haben. Seine Kinder heute aufzunehmen ist mit Sicherheit keine geringere Ehre in Gottes Augen."[52]

Gastfreunschaft – eine biblische Voraussetzung für einen Hirten der Gemeinde

Wenn Sie mehrere Christen fragen würden, was ein Hirte der Gemeinde für Voraussetzungen mitbringen sollte, würden die meisten antworten: „Er muss eine theologische Ausbildung haben, richtig ordiniert sein oder bestimmte Doktrinen glauben." Sie würden wenige Christen finden, die die Gastfreundschaft als Voraussetzung für ein geistliches Amt benennen. Und doch ist es genau das, was das Neue Testament fordert:

Das Wort ist gewiss: Wenn jemand nach einem Aufse- herdienst trachtet, so begehrt er ein schönes Werk. Der Aufseher nun muss untadelig sein, Mann einer Frau, nüchtern, besonnen, anständig, gastfrei, lehrfähig, ... 1. Timotheus 3,1–2, auch Titus 1,7–8

Viele Christen sind sich nicht bewusst, dass geist- liche Leiter laut Bibel die Voraussetzung der Gast- freundschaft erfüllen müssen. Manche mögen sogar der Meinung sein, solch eine Nebensache sollte keine Voraussetzung für das Amt eines Gemeindeleiters sein. Ein solches Denken zeigt jedoch ein ungenü- gendes Verständnis von authentischer christlicher Gemeinschaft und der Arbeit des biblischen Hirten.

Der biblische Hirte ist ein Hirte der Kinder Got- tes – der kostbaren, bluterkauften Kinder Gottes. Und wie Christus, der Große Hirte, muss der Ge- meindehirte sich liebevoll und aufopfernd der Für- sorge der Kinder Gottes hingeben (1. Thessaloni- cher 2,8). Das funktioniert nicht aus der Ferne – mit einem Lächeln und einem Handschlag am Sonntag- morgen oder mit einem oberflächlichen Besuch.

Sich der Fürsorge von Gottes Kindern hinzugeben heißt, das eigene Leben und Zuhause mit anderen zu teilen. Ein offenes Haus ist das Zeichen eines offenen Herzens und eines lebendigen, aufopfernden, dienstbereiten Geistes.

In meiner Arbeit als Gemeindehirte habe ich festgestellt, dass das eigene Zuhause eines der wichtigsten Mittel ist, um Menschen zu erreichen und sich um sie zu kümmern. Obwohl der Dienst der Gastfreundschaft für einen geistlichen Hirten nebensächlich erscheinen mag, hat er eine große Auswirkung auf Menschen. Wenn Sie Zweifel daran haben, fragen Sie Menschen, die Gastfreundschaft erlebt haben. Ausnahmslos werden sie Ihnen sagen, dass sie einer der wichtigsten, schönsten und unvergesslichsten Aspekte des Dienstes eines Hirten ist. Auf seine eigene geheimnisvolle Weise arbeitet Gott durch die Beziehung zwischen Gast und Gastgeber, um seine Kinder zu ermutigen und zu belehren. Wenn die Hirten der örtlichen Gemeinde nicht gastfrei sind, wird die örtliche Gemeinde nicht gastfrei sein. Wir dürfen also nie die Macht der Gastfreundschaft unterschätzen, wenn es darum geht, den Bedürfnissen der Menschen zu dienen. Diejenigen, die die Gastfreundschaft lieben, lieben Menschen und sind besorgt um sie.

Witwen, die von der Gemeinde unterstützt werden

Ein letzter Vers, der die Bedeutung der christlichen Gastfreundschaft demonstriert, ist 1. Timotheus 5,10. Wir lesen hier, bevor eine Witwe auf das Witwenverzeichnis einer Gemeinde gesetzt werden kann, um deren volle finanzielle Unterstützung zu erhalten, muss sie neben anderen Qualifikationen gastfrei gewesen sein. Die Bibel sagt:

Eine Witwe soll ins Verzeichnis eingetragen werden, wenn sie wenigstens sechzig Jahre alt ist, eines Mannes Frau war, ein Zeugnis in guten Werken hat, wenn sie Kinder aufgezogen, wenn sie Fremde beherbergt, wenn sie der Heiligen Füße gewaschen, wenn sie Bedrängten Hilfe geleistet hat, wenn sie jedem guten Werk nachgegangen ist.
1. Timotheus 5,9–10

Was für ein wunderbares Beispiel dafür, wie das Leben eines Christen sein sollte. Wir sehen hier ein Leben, gekennzeichnet von Selbstaufopferung, harter Arbeit, Dienst am anderen, Liebe, guten Taten, Demut und der Fürsorge für andere. Das ist die Art von Leben, die Gott ehrt. Was für ein Gegensatz zu unserer vergnügungssüchtigen, selbstzentrierten Gesellschaft!

Gebote zur Verweigerung
von Gastfreundschaft

Für manche ist es unvorstellbar, dass ein Christ jemals jemandem die Gastfreundschaft verweigern könnte, aber die Schrift lehrt, dass es in manchen Situationen notwendig ist, das zu tun. Die Situationen, in denen die Verweigerung der Gastfreundschaft angemessen ist, hat mit falschen Lehrern und Christen, die keine Reue zeigen, zu tun. In beiden Situationen ist der Grund für die Verweigerung der Gastfreundschaft, dass wir uns und die Heiligkeit der christlichen Gemeinschaft schützen und die Augen der Menschen öffnen, die durch ihre Sünde in die Irre geführt worden sind.

Falsche Lehrer

Die Schrift fordert uns als Christen auf, vor falschen Lehrern die Türen zu verschließen. Johannes schreibt: „Wenn jemand zu euch kommt und diese Lehre nicht bringt, so nehmt ihn nicht ins Haus auf und grüßt ihn nicht! Denn wer ihn grüßt, nimmt teil an seinen bösen Werken" (2. Johannes 10,11). Johannes spricht hier nicht von Nichtchristen (vergl. 1. Korinther 5,9–12), Menschen anderer Religionen oder von christlichen Lehrern, von deren Meinung in kleinen Dingen des Glaubens wir abweichen. Er meint hier vielmehr Irrlehrer, die aktiv falsche Lehre in Bezug auf die fundamentale Lehre zur Person Christi propagieren. Er spricht von Kulten und ihren diabolischen Lehrern.

Wir werden hier nicht nur angewiesen, solchen reisenden Lehrern die Gastfreundschaft zu verweigern, wir sollen ihnen noch nicht einmal die übliche Begrüßung zukommen lassen. Wir sollen falschen Botschaftern Satans keine Gemeinschaft oder Hilfe anbieten. Wenn das in Ihren Ohren lieblos klingt, hören Sie auf den weisen Rat des Bibellehrers und Gelehrten James Montgomery Boice: „Wenn sich diese Worte hart anhören, so kann es nur sein, dass Johannes' Sorge um Christus und seine Herrlichkeit größer ist als unsere und dass unsere sogenannte Toleranz in Wirklichkeit nur Gleichgültigkeit gegenüber der Wahrheit und ein falsches Verständnis von wahrer Liebe ist."[53]

Christen, die falschen Lehrern ihr Heim öffnen, sind naiv im Hinblick auf die subtile und destruktive Macht der Falschheit. Sie verwechseln Liebe mit Sentimentalität. Sie ehren den Menschen mehr als Gott. Sie schätzen ihre eigene Weisheit höher als Gottes Weisheit.

Ein Bruder oder eine Schwester, der oder die nicht bereut

Die Schrift lehrt uns auch, dass wir solchen Christen die Gastfreundschaft verweigern sollen, die ohne Reue in moralischer Sünde leben. In Bezug auf einen solchen Fall schreibt Paulus:

> *Nun aber habe ich euch geschrieben, keinen Umgang zu haben, wenn jemand, der Bruder genannt wird, ein Unzüchtiger ist oder ein Habsüchtiger oder ein Götzendiener oder ein Lästerer oder ein Trunkenbold oder ein Räuber; mit einem solchen nicht einmal zu essen. Denn was habe ich zu richten, die draußen sind? Richtet ihr nicht, die drinnen sind? Die aber draußen sind, richtet Gott. Tut den Bösen von euch selbst hinaus!*
> 1. Korinther 5,11–13

Wenn ein bekennender Christ weiter in unbereuter Sünde lebt, nachdem er eine Warnung und Beratung erhalten hat, soll die örtliche Gemeinde das unreuige Mitglied aus der Gemeinschaft ausstoßen. Wir können nicht so tun, als ob nichts wäre, und einen solchen Christen in unsere Häuser zum Essen einladen. Wir können nicht einfach wieder zur Tagesordnung übergehen. Die Sünde hat unsere Beziehung zueinander zerstört. Wenn die Person jedoch Rat, Gebet oder Belehrung wünscht, ist das etwas anderes.

Für Christen ist das Abbrechen der Tischgemeinschaft mit einem Bruder oder einer Schwester keine kleine Angelegenheit. Um den Ernst des Abbrechens der Tischgemeinschaft mit einem Mitchristen zu illustrieren, betrachten wir einmal den Streit, der zwischen Paulus und Petrus wegen dieses Themas aufkam. Als Petrus in Antiochien war, aß er mit seinen Brüdern und Schwestern aus dem Heidentum. Als ihm zu Ohren kam, dass seine Gemeinschaft mit den Heiden Probleme mit den Juden-Christen in Jerusalem verursachte, entschied sich Petrus, aufzuhören und nicht mehr mit seinen heidnischen Geschwistern zu essen (Galater 2,11–21). Sofort konfrontierte Paulus Petrus mit seiner Weigerung, mit seinen heidnischen Brüdern und Schwestern zu essen. Im Kern sah Paulus Petrus' Rückzug von der Tischgemeinschaft mit den Heiden-Christen als Affront gegen das Evangelium. Das Evangelium hatte sie alle zu einer Familie gemacht, verbunden durch Christus im Himmel. Also betrachtete Paulus die Weigerung, mit einem Bruder oder Schwester zu essen, als direkte Beleidigung gegenüber dem Werk Christi.

In seinem Kommentar über 1. Korinther 5 und die Ernsthaftigkeit des Abbrechens der Tischgemeinschaft mit einem Glaubensbruder oder einer Glaubensschwester macht F. F. Bruce diese einsichtsvolle Bemerkung:

Die Tischgemeinschaft (...) war eine der ernsthaftesten
Bande der Bruderschaft. Innerhalb der christlichen Ge-
meinschaft war ein ungerechtfertigter Verstoß gegen die
Tischgemeinschaft fast gleichzusetzen mit dem Leug-
nen der Wahrheit des Evangeliums (Galater. 2,11ff.);
wo das Verweigern der Tischgemeinschaft ge-
rechtfertigt war, wie in der Situation, die hier
vor Augen geführt wird wird, wurde es genutzt, um den Ernst der Lage deutlich zu machen, und wurde als einer der sichersten Wege
angesehen, ein sündigendes Gemeindemitglied
dazu zu bringen, seinen Fehler einzusehen
(Hervorhebung durch den Autor dieses Buches).[54]

Wie Bruce sagt, war es „eine der ernsthaftesten Bande der Bruderschaft", mit einem anderen Christen
zusammen zu essen. Genauso ist auch das gemeinsame Essen in unseren Häusern ein wunderschönes
Zeichen der christlichen Einheit, der Liebe zu den
Geschwistern und des Friedens Gottes. Deswegen
ist die Weigerung, mit einem anderen Christen zu essen, eine ernste Sache. Aber die Sünde zerstört, was
gut ist, sogar das Band der Gemeinschaft. Wenn also
ein Bruder oder eine Schwester in anhaltender, unge-
büßter Sünde lebt, müssen wir handeln. Die Schrift
sagt, wir sollen mit einem solchen Menschen weder
essen noch Zeit mit ihm verbringen (1. Korinther
5,11.13; Matthäus 18,17). Dieses Wort Gottes wird

von 99,9 % der Christen heutzutage ignoriert. Wir haben tausend Gründe, warum wir dieser Anweisung der Schrift nicht folgen können, aber der Ungehorsam gegenüber dieser Anweisung hat viele Gemeinden geschwächt und verunreinigt und die angemessene Erneuerung vieler sündigender Gemeindeglieder verhindert.

Gott weiß am besten, wie ein sündigendes Glied des Leibs behandelt werden muss; wir wissen es nicht, weil wir das tun, was für uns und den Sünder am einfachsten ist. Nur indem wir Gottes Anweisungen in diesen schmerzlichen Angelegenheiten befolgen, können wir die langfristigen, positiven Effekte von Gottes perfekter Weisheit erleben. Beten Sie, dass Gott Ihnen den Glauben und den Mut schenkt, in diesem Punkt der Gemeindedisziplin im Gehorsam seinem Wort gegenüber zu handeln.

Die Merkmale christlicher Gastfreundschaft auf einen Blick

1. Christliche Gastfreundschaft ist eines der Merkmale der frühen Christenheit.

2. Christliche Gastfreundschaft ist eine Tugend.

3. Gott fordert von jedem Christen die Ausübung christlicher Gastfreundschaft. Die Gastfreundschaft ist sein Gebot, keine Option (Römer 12,13; Hebräer13,1–2).

4. Christliche Gastfreundschaft ist eine biblische Pflicht für Gemeindehirten (1. Timotheus 3,2).

5. Christliche Gastfreundschaft ist eine biblische Voraussetzung für Witwen, die von der Gemeinde unterstützt werden sollen (1. Timotheus 5,10).

6. Christliche Gastfreundschaft ist ein praktischer Ausdruck der christlichen Geschwisterliebe (Hebräer 13,1–2).

7. Christliche Gastfreundschaft facht die Flammen der christlichen Liebe auf außerordentlich mächtige Weise an.

8. Jeder Christ sollte eifrig nach christlicher Gastfreundschaft streben (Römer 12,13).

9. Christen sollen mit einem freudigen Herz nach der Gastfreundschaft trachten (1. Petrus 4,9).

10. Die christliche Gastfreundschaft ist ein effektives Mittel, um die Botschaft des Evangeliums mit

Verwandten, Freunden und Nachbarn zu teilen (Apostelgeschichte 5,42; 20,20; Lukas 5,29).

11. Christliche Gastfreundschaft hilft, als unverzichtbarer Dienst an den Boten des Herrn das Evangelium zu verbreiten (Lukas 10,7–8; 3. Johannes 5–8).

12. Christliche Gastfreundschaft möchte den Armen, den Unwillkommenen und den Bedürftigen der Gesellschaft dienen (Lukas 14,12–14).

13. Christliche Gastfreundschaft ist ein praktisches Vehikel für die Ausübung unserer geistlichen Gaben (1. Petrus 4,9–10).

14. Christliche Gastfreundschaft führt zu unerwarteten Belohnungen und Segnungen (Hebräer 13,2).

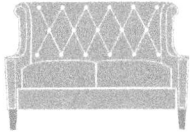

5

Hilfreiche Hinweise
zur Gastfreunschaft

Zu glauben, dass die Gastfreundschaft wichtig ist, und Gastfreundschaft tatsächlich zu üben, sind zwei verschiedene Dinge. Viele Christen schaffen es nie weiter als bis zur Theorie. Die folgenden praktischen Vorschläge könnten Ihnen oder Ihrer Gemeinde dabei helfen, damit anzufangen, Gastfreundschaft zu üben. Wählen Sie die Möglichkeiten, die zu Ihrer Situation passen.

1. Manchen fällt es leicht, spontan Gäste einzuladen, aber die meisten müssen so etwas im Voraus planen. Legen Sie jede Woche oder jeden Monat einen regelmäßigen Termin fest, an dem Sie Menschen zu sich einladen. Wenn Sie das nicht

fest einplanen, könnte es sein, dass Sie nie von der guten Absichten zur eigentlichen Umsetzung kommen. Sie werden sagen: „Das ist wichtig. Die Bibel fordert uns auf, es zu tun, und es wird unserer Gemeinde helfen; es wird die Gemeinschaft innerhalb unserer Gemeinde stärken und zu einem liebevolleren Umgang führen." Aber wenn Sie nicht vorausplanen, werden Sie nächste Woche zu beschäftigt sein, in der nächsten auch und in der darauf folgenden auch. Und Sie kommen womöglich nur selten dazu, Ihr Zuhause den Menschen aus Ihrer Gemeinde und Ihren nichtgläubigen Freunden und Nachbarn zu öffnen. Wenn Sie jedoch die Freude und den Segen erleben, die mit dem Öffnen Ihrer Türen einhergehen, werden Sie es öfter tun wollen.

2. Lassen Sie mich den Sonntagmittag als einen geeigneten Zeitpunkt vorschlagen, um Gottes Kinder in Ihr Heim einzuladen. Am Sonntagmorgen versammeln Sie und die anderen sich zur Anbetung und Belehrung, und wenn Sie fertig sind, müssen Sie essen. Also ist es ganz natürlich, Ihre Gemeinschaft fortzusetzen, indem Sie Ihre Brüder und Schwestern an Ihren Tisch einladen, um miteinander zu essen und Gemeinschaft zu pflegen.

Als Familie tun wir das schon seit über 20 Jahren. Ich kann von Herzen sagen, dass wir es jedes Jahr mehr genießen. Ohne unsere Gäste am Sonntagnachmittag haben wir das Gefühl, dass uns ein wesentlicher Teil unseres christlichen Lebens fehlt. Für mich rundet Gastfreundschaft die Anbetung erst richtig ab. Tatsächlich ist sie eine notwendige Forstsetzung unserer kurzen Zeit zusammen als Familie Gottes. Es ist auch eine Gelegenheit, neue Leute kennenzulernen, die Schwachen zu ermutigen, den Bedürftigen zu dienen und sich um die neugeborenen Christen zu kümmern.

Wenn Sie planen, Menschen am Sonntagmittag zu verköstigen, dann müssen Sie sich wahrscheinlich am Samstag schon vorbereiten, also ermutigen Sie die ganze Familie, sich an den Vorbereitungen zu beteiligen. Das ist ein hervorragendes Training für Ihre Kinder. Wenn der Sonntagmittag für Sie nicht so günstig ist, dann passt vielleicht der Sonntagabend besser. Aber egal, welche Zeit für Sie am passendsten ist, planen Sie es fest ein, regelmäßig Menschen zu sich nach Hause einzuladen.

3. Machen Sie eine Liste von den Menschen, die durch Ihr Angebot der Gastfreundschaft ermutigt werden würden. Ihre Gastfreundschaft könnte zum Beispiel wesentlich dazu beitragen, dass neue Gemeindemitglieder das Gefühl haben, Teil der Gemeinschaft zu sein. Andere in Ihrer

Gemeinde sind einsam und brauchen Ihre Liebe. Diejenigen, die gerade schwere Zeiten durchmachen, könnten durch Ihre einfache Einladung sehr ermutigt werden. Tatsächlich könnten Sie ein dienender Engel für leidende Menschen sein. Wenn Sie sich die einzelnen Glieder Ihrer Gemeinde anschauen, werden Sie wahrscheinlich überwältigt sein, von dem Bedürfnis der Menschen nach Ihrem Ausdruck der Liebe durch die Gastfreundschaft. Es wird nicht an Menschen mangeln, denen Sie helfen können. Fangen Sie schon heute an, eine Liste zukünftiger Gäste zu erstellen.

4. Halten Sie nach Nachbarn Ausschau, die Sie zum Essen oder zum Grillen einladen könnten. Nehmen Sie sich vor, innerhalb einer bestimmten Zeitspanne jeden Nachbarn zu sich einzuladen. Schreiben Sie die Namen Ihrer Nachbarn auf und setzen Sie dahinter ein Datum, zu dem Sie sie einladen wollen.

5. Denken Sie auch daran, zu den diversen Feiertagen zu sich einzuladen. Feiertage sind besonders gute Gelegenheiten, bedürftige Glaubensgeschwister oder nichtgläubige Freunde und Nachbarn einzuladen. Versuchen Sie, diejenigen mit einzuschließen, die besonders Akzeptanz und Trost in der Liebe und Nähe Ihrer Familie brauchen.

6. Sammeln Sie einfache, preiswerte Rezepte für Mahlzeiten. Viele Leute scheuen die Kosten, die Einladungen mit sich bringen. Sie müssen jedoch nicht mit lukullischen Köstlichkeiten oder bester Unterhaltung aufwarten. Gastfreundschaft ist dazu gedacht, ein Dienst an anderen sein, nicht dazu, das Ego aufzublasen.

7. Bieten Sie an, Missionare oder reisende Diener des Herrn aufzunehmen. Manche Missionsorganisationen habe eine Liste von Gastfamilien, die Missionare bei ihren Reisen besuchen können. Sie sollten eine passende Organisation ausfindig machen und sich als Gastfamilie anbieten. Und wenn die Missionare Ihrer Gemeinde nach Hause kommen, verpassen Sie nicht die Gelegenheit, sie zum Essen einzuladen.

8. Bilden Sie ein Gastfreundschaftskomitee in Ihrer Gemeinde, um Gastfreundschaft zu fördern. Wenn Sie keinen organisierten Plan oder kein Komitee haben, das zur Gastfreundschaft ermutigt, werden immer nur die gleichen wenigen Treuen, die immer gastfreundlich sind, es tun. Die meisten Menschen brauchen Hilfe und Ermutigung, um beständig Gastfreundschaft zu üben.

9. Organisieren Sie ein Programm für Gastfreundschaft am Sonntag. Bitten Sie um Freiwillige,
die sich für bestimmte Sonntage eintragen. Haben Sie keine Scheu, Tipps und Hilfe anzubieten. Verteilen Sie an ein Ehepaar (oder an einen
Single) oder mehrere Ehepaare (je nach Größe
Ihrer Gemeinde) bestimmte Sonntage, an denen
Sie vorbereitet sein sollten, Menschen zum Mit-
tagessen und zu einer Zeit der Gemeinschaft zu
sich einzuladen. Bereiten Sie für diese Gastgeber
eine Liste von besonderen Leuten vor, die durch
Gastfreundschaft ermutigt werden würden, so
wie Witwen, Studenten, neue Mitglieder usw.

10. Seien Sie interessiert an dem Leben anderer. Finden Sie heraus, welche Themen Ihre Zeit mit anderen bedeutsamer machen. Fragen Sie Ihre Gäste, wie Sie den Herrn kennengelernt haben. Wenn
sie verheiratet sind, fragen Sie nach ihrer Zeit des
Kennenlernens und ihrer Hochzeit. Sie werden er-
staunt sein, wie wenig wir alle voneinander wissen.

11. Seien Sie kreativ bei dem, was Sie mit Ihren Gästen tun. Bieten Sie eine Zeit des gemeinsamen
Gebets, lesen Sie in der Schrift oder singen Sie
zusammen. Machen Sie nach dem Essen einen
Spaziergang. All diese Aktivitäten tragen dazu
bei, dass wir einander näher kommen.

12. Lesen Sie Bücher, die Ihnen helfen, Ihre Gastgeberfähigkeiten zu entwickeln. Sprechen Sie mit Menschen, die gute Gastgeber sind. Sie können auf diese Weise viel lernen. (Halten Sie in der Gemeinde Bücher zum Thema Gastfreundschaft bereit.)

13. Legen Sie ein Gästebuch an. Es ist eine große Freude, die vergangenen Jahre Revue passieren lassen zu können und sich an all die Menschen zu erinnern, die Ihr Heim mit Segen gefüllt haben.

14. Bitten Sie Ihre Gemeindeleiter, auch einmal über das Thema „Gastfreundschaft" zu predigen. (Wann haben Sie schon einmal eine Predigt zu diesem Thema gehört?) Um in der Gastfreundschaft effektiv zu sein, ist es für uns alle notwendig, die Lehre der christlichen Gastfreundschaft und der Liebe regelmäßig zu lehren und zu hören. Wir vergessen schnell, deshalb brauchen wir beständige und anhaltende Erinnerung und Ermutigun.

15. Ihre Gemeinde könnte einen entsprechenden Gastredner einladen oder ein Seminar zum Thema „Gastfreundschaft" halten, das praktische Hilfen und Ideen liefert.

16. Beten Sie, dass Gott Ihnen Freude an diesem Dienst für ihn schenkt. Bekennen Sie Ihre

Selbsucht, Ihren Stolz und Ihren Ungehorsam, die Sie daran gehindert haben, anderen Ihr Heim zu öffnen. Bitten Sie den Herrn, Ihnen in seinem Wort zu zeigen, warum Gastfreundschaft so wichtig ist. Vergessen Sie nicht: Der Herr weiß, was das Beste für uns ist.

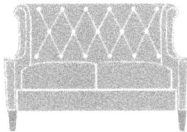

Kleingruppenmaterial

Treffen 1

1. Das Kapitel *Ein fehlendes Kronjuwel* enthält drei Geschichten über Ungastlichkeit unter Christen. Welche Geschichte überzeugt Sie am ehesten von der Wichtigkeit der Ausübung christlicher Gastfreundschaft? Erklären Sie, warum die Geschichte Sie überzeugt hat. Jeder Teilnehmer der Kleingruppe sollte antworten.

2. Betrachten Sie alle drei Geschichten. Was hätten die Mitglieder der örtlichen Gemeinden jeweils anders machen sollen?

3. Nennen Sie zwei Verse, die Gastfreundschaft als ein neutestamentliches Gebot darstellen.

4. Was hat Sie in Kapitel 2 in Bezug auf die familiäre Natur der örtlichen Gemeinde am meisten beeindruckt?

5. Was können Sie tun, um diese familiäre Atmosphäre in Ihrer Gemeinde zu fördern?

6. Nennen Sie zwei Bibelabschnitte, in denen die höchste Wichtigkeit der Liebe im Leben eines Christen hervorgehoben werden. Erklären Sie in Ihren eigenen Worten, was diese Texte lehren.

7. Was hat Sie in Kapitel 2 in Bezug auf die christliche Liebe am meisten beeindruckt? Was haben Sie beim Lesen dieses Kapitels über die christliche Liebe gelernt?

8. Zählen Sie mindestens drei Vorteile auf, die es hat, wenn Sie regelmäßig Gastfreundschaft üben.

9. Zählen Sie mindestens drei Vorteile auf, die die Empfänger Ihrer Gastfreundschaft genießen werden.

10. Glauben Sie, dass das Punktesystem des Reporters der *L. A. Times* zur Bewertung der Freundlichkeit und Liebe einer Gemeinde fair ist? Warum

oder warum nicht? Warum sollte eine Einladung zum Essen so hoch bewertet werden?

11. Machen Sie eine Liste von mehreren bedürftigen Menschen – Witwen, Studenten, Neubekehrte – in Ihrer örtlichen Gemeinde, die durch Ihre Gastfreundschaft sehr ermutigt werden würden. (Und dann legen Sie Termine fest, wann Sie sie einladen wollen.)

12. Was hindert Sie am meisten daran, Gastfreundschaft zu pflegen? Suchen Sie sich aus der folgenden Liste von Hindernissen zwei aus, die auf Sie zutreffen. Notieren Sie sich einige Schritte, die Sie unternehmen können, um diese Probleme zu überwinden und gastfreier zu werden.

_____ Zeitdruck (zu viel zu tun)
_____ Finanzen
_____ Nichtadäquate Wohnsituation
_____ Selbstsucht
_____ Angst zu versagen
_____ Unerfahrenheit
_____ Mangel an Disziplin und Organisation (oder Mangel an Vorausplanung)
_____ Stolz
_____ andere

13. Was können Sie tun, um neuen Gemeindebesuchern ein liebevolles, christliches Willkommen zu bereiten?

Treffen 2

1. Jim Petersen war überrascht zu hören, wie Gott seine Gastfreundschaft genutzt hatte, um Mario für Christus zu gewinnen. Inwiefern bereitet die Gastfreundschaft Menschen darauf vor, sich dem Evangelium zu öffnen? Welche Aspekte in der Familie von Jim Petersen mögen wohl Mario so tief berührt haben?

2. Nennen Sie drei Gründe, warum private Häuser im 1. Jahrhundert zur Ausgangsbasis für die Verbreitung des Evangeliums wurden.

3. Treffen die Gründe, die Sie aufgelistet haben, auch heute noch zu? Warum oder warum nicht?

4. Schreiben Sie die Namen der Nachbarn auf, die Sie zum Essen oder zum Bibelstudium zu sich eingeladen haben.
Und nun schreiben Sie die Namen aller Nachbarn auf, die Sie in den nächsten 12 Monaten gerne zu sich zum Essen einladen möchten. Teilen

Sie diese Namen Ihrer Kleingruppe oder Ihrer Familie mit. Fangen Sie an, wöchentlich für sie zu beten, und nehmen Sie sich vor, jeden von ihnen zum Essen zu sich einzuladen. Geben Sie nicht auf. Diese Menschen brauchen Ihre Gebete.

5. Machen Sie eine Liste von den Feiertagen oder besonderen Gelegenheiten, zu denen Sie Freunde oder Nachbarn einladen können. Wie können Sie diese besonderen Gelegenheiten ganz konkret nutzen, um Ihre Freunde und Nachbarn zu erreichen?

6. Welche fünf Vorteile können Sie darin erkennen, sich zum Gebet, Bibelstudium oder zur Gemeinschaft in einem privaten Haus zu treffen statt im Gemeindehaus?

7. Welche sieben Gründe (theologische wie praktische) fallen Ihnen ein, warum die ersten Christen für ihre Anbetung und ihre Unterweisung keine besonderen Gebäude gebaut haben?

8. Lesen Sie laut Lukas 14,12–14. Was entdecken Sie in diesem Abschnitt, das Ihre Meinung zur christlichen Gastfreundschaft entweder verändert oder stört?

9. Was sind die unverwechselbaren Merkmale der christlichen Gastfreundschaft im Vergleich zur Gastfreundschaft, wie die Welt sie sieht? Die folgende Bemerkung von Karen B. Mains aus ihrem Buch *Open Heart, Open Home* hilft Ihnen vielleicht:

„Gesellschaftliche Gastfreundschaft ist furchtbar zwanghaft. Ihre Quelle ist der menschliche Stolz. Sie fordert Perfektion, fördert den Wunsch zu imponieren und ist ein harter Zuchtmeister, der versklavt. Im Kontrast dazu ist die biblische Gastfreundschaft eine Freiheit, die auch frei macht.

Die gesellschaftliche Gastfreundschaft vermittelt: ‚Ich will dich mit meinem schönen Heim, meiner ausgeklügelten Dekoration, meinen Gourmet-Kochkünsten beeindrucken.' Die biblische Gastfreundschaft jedoch möchte dienen. Sie sagt: ‚Dieses Heim ist nicht meins. Es ist ein Geschenk von meinem Herrn. Ich bin sein Diener, und ich nutzte es, wie er es möchte.' Gastfreundschaft versucht nicht zu imponieren, sondern zu dienen."[59]

10. Nennen Sie zwei Vorteile, die es haben könnte, wenn Sie einen Missionar oder Prediger in Ihr Haus aufnehmen.

11. Welche Probleme oder persönlichen Opfer könnten sich für reisende Lehrer oder Missionare ergeben?

12. Nennen Sie zwei Dinge, die Missionaren oder reisenden Lehrern, die sich weit entfernt von ihrer Familie befinden, helfen könnten, wenn Sie ihnen Ihre Gastfreundschaft anbieten?

13. Wenn Sie einen Evangelisten oder Bibellehrer für eine Woche in Ihre Gemeinde einladen, damit er Ihnen dort dient, was können Sie tun, um gastfrei und einfühlsam zu sein und seinen Bemühungen und Unkosten entgegenzukommen?

14. Was lehrt das Alte Testament über die Fürsorge für Fremde? Lesen Sie 3. Mose 19,10.33–34; 5. Mose 10,18–19; 24,19.21; Hiob 31,32.

Treffen 3

1. Welche zwei der sechs Bibelstellen zur Gastfreundschaft (s. Anfang von Kapitel 4) haben Sie am ehesten motiviert, Gastfreundschaft zu üben? Warum?

2. Lernen Sie zwei der Bibelstellen zur Gastfreundschaft am Anfang von Kapitel 4 auswendig. Zi-
tieren Sie sie jemandem aus Ihrer Kleingruppe
oder Familie gegenüber. (Dies ist eine einfache
Aufgabe. Die Texte sind sehr kurz. Sie könnten
daher evtl. auch alle auswendig lernen.)

3. Erklären Sie mit eigenen Worten die Bedeutung
von Römer 12,13b.

4. Wie erfüllt das Ausüben von Gastfreundschaft
die Aufforderung in Römer 12,1–2, unsere „Lei-
ber darzustellen als ein lebendiges, heiliges, Gott
wohlgefälliges Opfer" und „nicht gleichförmig
dieser Welt, sondern (...) verwandelt durch die
Erneuerung des Sinnes" zu sein?

5. Eine der größten Schwierigkeiten in jeder örtlichen Gemeinde sind Konflikte unter den Ge-
meindegliedern. Wie kann Gastfreundschaft die
Beziehungen untereinander verbessern und Ge-
meindekonflikte verringern?

6. Was lehren uns die „Einander-Gebote" über das
christliche Leben und die Natur der örtlichen
Gemeinde? (1. Petrus 4,9)

7. Was sollte laut Petrus unsere Einstellung zur Ausübung der Gastfreundschaft sein?

8. Erklären Sie, wie Ihr Heim auf praktische Weise genutzt werden kann, um Ihre geistlichen Gaben einzusetzen. Werden Sie konkret. (Siehe Kapitel 4)

9. Warum ist die Selbstsucht für Christen eine Sünde?

10. Auf welche Art sind Sie von Ihren Gästen gesegnet worden? Können Sie ein bestimmtes Beispiel anführen?

11. Erklären Sie mit Ihren eigenen Worten, was Paulus von den Christen in Rom in Bezug auf Phoebe erwartete (Römer 16,1–2).

12. Erklären Sie mit eigenen Worten, wie Matthäus 25,34–36.40 Ihre Einstellung zur Nutzung Ihres Heims und Ihrer Zeit verändert.

13. Zählen Sie mindestens drei Gründe auf, warum Gastfreundschaft eine biblische Pflicht für Gemeindeleiter ist.

14. Zählen Sie die Charakteristika der Witwe in 1. Timotheus 5,9–10 auf. Auf welche Weise ist sie ein Beispiel, dem Sie folgen können?

15. Beschreiben Sie konkret die erste Situation, in der die Schrift uns anweist, Gastfreundschaft zu verweigern. Warum ist es so wichtig, genau zu verstehen, wem wir die Tischgemeinschaft verweigern sollen? (2. Johannes 10,11)

16. Die Schrift sagt, Gläubige sollen sich von einem bekennenden Gläubigen, der weiterhin vorsätzlich sündigt, distanzieren und noch nicht einmal mit „einem solchen essen". Was, meinen Sie, soll das Verweigern der normalen Gastfreundschaft bei einem unbußfertigen Gläubigen bewirken?

17. Was ist der Unterschied zwischen christlicher Liebe und Sentimentalität?

18. Suchen Sie sich drei Vorschläge aus dem Kapitel *Hilfreiche Hinweise zur Gastfreundschaft* aus, die Sie ausprobieren können. Erzählen Sie Ihrer Kleingruppe, Ihren Freunden und/oder Ihrer Familie davon.

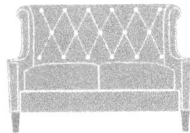

Anmerkungen

1   Arias Mortimer, „Centripital Mission or Evangelization by Hospitality", *Missiology: An International Review* 10 (1982) S. 69, 70.

2   I Clement 1.2, in *Ancient Christian Writers*, Hgg. J. Quasten und J.C. Plumpe, Übers. James A. Kleist (Westminster, MD: Newman, 1961), 1:9.

3   Harnack, Adolf: *The Expansion of Christianity in the First Three Centuries*, 2 Bände, Übers. James Moffatt (London: Williams und Norgate, 1904), 1:222,223.

4   *Theological Dictionary of the New Testament*, s.d. "xenos", von Gustav Stählin, 5 (1967):23.

5   Hughes, Philip Edgcumbe: *A Commentary on the Epistle to the Hebrews*, Grand Rapids, Eerdmans, 1977, S. 106.

6   Ders. S. 562.

7   Der römisch-katholische kirchenväterliche Gelehrte und deutsche Kardinal Joseph Ratzinger schreibt: „Bis zum 3. Jahrhundert jedoch, fand sich das Wort „Bruder" immer seltener als Bezeichnung unter Christen (...) So ergibt sich eine Beschränkung des Konzepts der Bruderschaft auf die Hierarchie [Klerus] und auf Asketen [Klostergemeinschaften], auf das sich das eigentliche Kirchenleben nun reduziert hatte. Wie wir wissen, hat sich dieser Stand

der Dinge bis in unsere heutige Zeit mit all seinen unwei-
gerlich schädigenden Aspekten erhalten" *(The Meaning of
Christian Brotherhood [dt. Titel: Die christliche Brüderlichkeit]*,
San Francisco, Ignatius, 1993; S. 39, 40

8   Lewis, C. S.: *The Four Loves,* New York, A Harvest/HBJ
    Book, 1960, S. 114

9   Hatch, Edwin: *The Organization of the Early Christian Churches,*
    London, Longmans, Green, and Company, 1901, S. 44.

10 Hughes: *A Commentary on the Epistle to the Hebrews,* S. 562.

11 Francis A. Schaeffer, *The Mark of the Christian,* Downers
    Grove, InterVarsity, 1970.

12 Tertullian, Apology 39.7, in *The Fathers of the Church,* Hrsg.
    Joseph Deferrari, Übers. Rudolph Arbesmann, Sister Emi-
    ly Joseph Daly, und Edwin A. Quain, Washington, The
    Catholic University of America, 1950, S. 99.

13 *The Octavius of Marcus Minucius Felix 9, in Ancient Christian
    Writers,* Hrgg. Johannes Quasten, Walter J. Burghardt, und
    Thomas Comerford Lawler, Übers. G. W. Clarke, New
    York, Newman, 1974, S. 69.

14 Warfield B. B.: „The Emotional Life of Our Lord", in *The
    Person and Work of Christ,* Philadelphia, Presbyterian and
    Reformed, 1950, S. 104.

15 Stott, John R. W.: „The Unforbidden Fruit", *Christianity
    Today* (August 17, 1992), S. 34.

16 Moffatt, James: *Love in the New Testament,* London, Hodder
    and Stoughton, 1929, S. 244.

17 Colsen, Charles W: *Born Again,* Old Tappan, NJ, Chosen
    Books, 1976, S. 339.

18 Malherbe, Abraham J.: *Social Aspects of Early Christianity,*
    Baton Rouge, LA, State University Press, 1977, S. 67.

19 Preston, Gene und Nancy: „A Friendly Church is Hard to
    Find", *Christian Century* (30. Januar 1991), S. 102, 103.16.

20 Thomas S. Gosin II, *The Church without Walls,* Pasadena,
    Hope Pub. House, 1984, S. 68.

21 Conversations with Luther: *Table Talk [dt.: Luthers Tischre-den]*, übers. und hrsg. Preserved Smith und Herbert Per-cival Gallinger, New Canaan, CT, Keats Publishing, Inc., 1979, S. xii.

22 Green, Michael: *Evangelism in the Early Church*, Grand Ra-pids, Eerdmans, 1970, S. 236.

23 Ders., S. 207.

24 Ders., S. 223.

25 Banks, Robert und Julia, *The Home Church*, Sutherland, Australia; Albatross Books, 1986, S. 94.

26 Petersen, Jim: *Evangelism as a Lifestyle*, Colorado Springs, NavPress, 1980, S. 96, 97.

27 Ders., S. 107.

28 Dies ist eine semitische Redensart, die bedeutet: : „nicht so sehr X als vielmehr Y". Zum Beispiel lesen wir in Hosea 6,6: „Denn an Güte habe ich Gefallen, nicht an Schlacht-opfern, und an der Erkenntnis Gottes mehr als an Brand-opfern." Das bedeutet nicht, dass Gott keine Schlacht-opfer mehr haben wollte, die er ja geboten hat. Vielmehr wünscht er vorrangig treuen Gehorsam und wahre Er-kenntnis seiner Wege.

29 Schaeffer, Edith: *L'Abri*, Wheaton, Tyndale, 1969.

30 Barclay, William: *The Letter to the Hebrews*, Philadelphia, Westminster, 1957, S. 219.

31 Ferguson, Everett: *Backgrounds of Early Christianity*, Grand Rapids, Eerdmans, 1987, S. 66, 67.

32 Jowett, J. W.: *The Redeemed Family of God*, Studies in the Epistles of Peter, N.Y., Hodder and Stoughton, S. 168

33 „Sie für die Reise auszustatten" wird im Griechischen durch das Wort *propempō* ausgedrückt, was (a) bedeutet „jemanden eskortieren oder begleiten" (Apostelgeshchichte 20,38; 21,5), oder wie hier (b) "mit Vorräten für die Reise ausstatten" (3. Johannes 6; Titus 3,13; Apostelgeschichte 15,3; Römer 15,24; 1. Korinther 16,6+11; 2. Korinther 1,16). Christliche

Mitarbeiter für ihre Reise auszustatten wird in Titus 3,13-14 deutlich hervorgehoben: „Zenas, dem Gesetzesgelehrten, und Apollos gib mit Sorgfalt das Geleit, damit ihnen nichts mangelt! Lass aber auch die Unseren lernen, sich für die notwendigen Bedürfnisse um gute Werke zu bemühen, damit sie nicht unfruchtbar seien!" Titus und die Heiligen auf Kreta sollten gütig und eifrig Vorkehrungen treffen für die Diener Gottes. Wenn Zenas und Apollos die Überbringer dieses Briefes waren (was wahrscheinlich ist), dann sollte Titus Gastfreundschaft und Unterstützung für ihre weitere Reise bereitstellen.

34 Echte christliche Liebe übersieht nicht die alltäglichen praktischen Details des Lebens. Tatsächlich ist agapē Liebe eifrig in solchen praktischen Dingen. (Siehe auch Philemon 22.)

35 Drewery, Mary: *William Carey,* Grand Rapids, Zondervan, 1978, S. 46.

36 Olford, Stephen F.: „Christian Hospitality", *Decision* (March 1968), S. 10.

37 Morris, Leon: *Testaments of Love,* Grand Rapids, Eerdmans, 1981, S. 267.

38 Cranfield, C.E.B.: Romans: *A Shorter Commentary,* Grand Rapids, Eedrmans, 1985, S. 308.

39 Zitiert aus Hall, V. A.: *Be My Guest,* Chicago, Moody, 1979, S. 9.

40 Morris, Leon: *The Epistle to the Romans,* Grand Rapids, Eerdmans, 1988, S. 448.

41 Barrett, C.K.: *The Pastoral Epistles,* Harper's New Testament Commentaries, New York, Harper and Row, 1957, S. 240.

42 Godet: *The Epistel to the Romans,* New York, Funk and Wagnalls, 1883, S. 436.

43 Lenski, R.C.H.: *The Interpretation of St. Paul's Epistle to the Romans,* Minneapolis, Augsburg, 1936, S. 772, 773.

44 Godet: *The Epistle to the Romans,* S. 436.

45 Murray, John: *The Epistle to the Romans,* The New International Commentary on the New Testament, Grand Rapids, Eerdmans, 1959, S. 133.

46 Haldane, Robert: *Exposition of the Epistle to the Romans,* Edinburgh, William Oliphant and Company, 1974, S. 569.

47 Cranfield, C.E.B.: *The First Epistle of Peter,* London, SCM, 1950, S. 95.

48 In seinem Kommentar zu 1. Petrus glaubt Edward Gordon Selwyn nicht, dass Petrus in 1. Petrus 4,9 vorrangig an reisende Lehrer denkt. Er schreibt: „(...) Petrus Worte hier, scheinen durch den Kontext und der Worte *eis allelous* [„einander"] einen intimeren und familiäreren Bezug zu haben. Der Apostel denkt eher an das normale gesellschaftliche Leben in den christlichen Gemeinschaften, wo ständiger Umgang und Gemeinschaft miteinander von großer Bedeutung waren, um den Zusammenhalt und das charakteristische Zeugnis der Gemeinde zu erhalten, und wo die christlichen Hausgemeinschaften in Ermangelung von Gemeindegebäuden die Orte der Anbetung der Gemeinden waren *(The First Epistle of St. Peter,* London, Macmillan, 1946, S. 218).

49 Smith, Nathan D.: *Roots, Renewal and the Brethren,* Pasadena, Hope Publishing Company, 1986, S. 9.

50 Westcott, B.F.: *The Epistle to the Hebrews,* 1892, repr. Grand Rapids, Eerdmans, 1973, S. 430.

51 Philoxenia wird im Bauer-Arndt-Gingrich-Danker, *A Greek-English Lexicon of the New Testament and Other Early Christian Literature,* als „Gastfreundschaft" definiert.

52 *Philoxenia* ist aus zwei Worten zusammengesetzt: *philos,* was „liebend" oder „zärtlich" bedeutet, und *xenia,* was mit „Gastfreundschaft" wiedergegeben werden kann. Im Griechischen kommt es oft vor, dass *philos* an ein Wort angehängt wird. „Philosophie" zum Beispiel ist eine Zusammensetzung von *philos* und *sophia* („Weisheit"). Philosophie

bedeutet also die Liebe zur Weisheit. Obwohl die zusammengesetzte Form das Nomen *xenia* intensivieren kann, ist es in den meisten Texten klar, dass wir *philoxenia* einfach mit „Gastfreundschaft" übersetzen sollten (Römer 12, 13; 1 Petrus 4,9).

53 Weil *xenia* mit *xenos* verwandt ist, was „Fremder" bedeutet, geben einige den Ausdruck *philoxenia* als „die Liebe zu Fremden" wieder. Obwohl diese Bedeutung sicher mit eingeschlossen ist, hat sich *philoxenia* im weitesten Sinne zu der Bedeutung „Gastfreundschaft" entwickelt.

54 *Xenia,* mit der selteneren Bedeutung „Gastzimmer" oder „Unterbringung", wird im Neuen Testament nur in Apostelgeschichte 28,23 und in Philemon 22 benutzt. Seine gebräuchlichere Bedeutung ist „Gastfreundschaft".

55 Alford, Henry: *The Greek New Testament,* 4 Bände, 5. Ausgabe, London, Rivingtons, 1871, 3:261.

56 Kelly, William: *An Exposition of the Epistle to the Hebrews,* 1905; repr. Hrsg. Charlotte,NC, Books for Christians, o.J., S. 259.

57 Boice, J.M.: *The Epistles of John,* Grand Rapids, Zondervan 1979, S. 204.

58 Bruce, F.F.: *1 and 2 Corinthians,* New Century Bible, London, Oliphants, 1971, S. 58, 59.

59 Karen B. Mains: *Open Heart, Open Home,* Elgin, David C. Cook Publishing Co.,1976, S. 25.

Alexander Strauch
Mit Liebe leiten

Wenn Sie Menschen leiten oder unterrichten – ob
als Sonntagsschullehrer, Jugendmitarbeiter, in der
Frauen- oder Männerarbeit, beim Bibelstudium, im
Gemeindechor, als Ältester, Diakon, Pastor, Missionar oder Evangelist –, wird dieses Buch Ihnen helfen, Ihren Dienst mit noch mehr Liebe auszuüben.

Gebunden, 256 Seiten
Best.-Nr. 273.563
ISBN 978-3-89436-563-9

Alexander Strauch
Mit Liebe leiten – Praxis
Lernen am Beispiel von Robert C. Chapman

Vorbilder für Leiter werden heute dringend ge-
sucht. Robert Chapman - Prediger und Evangelist
aus dem 19. Jh. - war bekannt für seinen liebevollen Dienst. Episoden aus seinem Leben lassen ihn
als Vorbild lebendig werden. Praxisbuch zu „Mit
Liebe leiten".

Gebunden, 96 Seiten
Best.-Nr. 273.804
ISBN 978-3-89436-804-3

Alexander Strauch
Der neutestamentliche Diakon

Ein wichtiges Buch zu einem oft vernachlässigten Personenkreis biblischer Gemeinden. Aus-
gehend von Apostelgeschichte 6 entwickelt der
Autor Prinzipien eines neutestamentlichen Dia-
konats und füllt damit eine schon lange vorhan-
dene Lücke in der Literatur zu Gemeindefragen
und biblischer Leiterschaft.

Gebunden, 192 Seiten
Best.-Nr. 273.275
ISBN 978-3-89436-275-1

Alexander Strauch
Gut, dass wir einander haben
Biblische Prinzipien für den Umgang
mit Konflikten

Konflikte unter Christen sind ein weit verbreite-
tes Problem. Alexander Strauch zeigt biblische
Prinzipien auf, wie man mit persönlichen Span-
nungen oder Fragen bezüglich des Lebensstils,
der Gemeindepraxis oder verschiedener Lehr-
auffassungen umgehen kann.

Gebunden, 208 Seiten
Best.-Nr. 273.978
ISBN 978-3-89436-978-1